KÖLN

STADTFÜHRER

VISTA POINT VERLAG

Inhalt

I Schlüssel für die Domstadt

»Städte lassen sich an ihrem Gang erkennen wie Menschen«, schrieb einst Robert Musil. Köln, die Metropole am Rhein, macht da keine Ausnahme. Auch sie hat ihren Gang, ihre unverwechselbare Eigenart – im Repräsentativen wie im Alltäglichen.

Dem möchte der vorliegende Stadtführer auf die Spur kommen. Und zwar im Verlauf von drei eigens erprobten Tagesrouten, die viel Kölnspezifisches auf die Reihe bringen: Wissens- und Sehenswertes ebenso wie Lukullisches und Erfrischendes. Jeder Tag, jede Chronologie der Schauplätze bietet, inhaltlich und was das *timing* angeht, einen abwechslungsreichen Orientierungsrahmen – für geschichtliche und kulturelle Highlights ebenso wie für unscheinbare Kleinigkeiten. Kurz, das Bändchen liefert ein verläßliches Cologne Know-how. Für Besucher mit wenig Zeit, aber viel Neugier. Kein stures Sightseeing also, auch kein Kunstlexikon mit Universalanspruch für die Ewigkeit.

Um den praktischen Kurzprogrammen eine möglichst übersichtliche Form zu geben, erscheinen die wichtigen Informationen entlang der Routen jeweils auf den blauen Seiten vor den Essays zusammengefaßt – auf einen Blick: Adressen, Öffnungszeiten, Telefonnummern.

Der erste Tag in der Domstadt erkundet den kompakten Kölner Kern mit seinem Dreiklang von Dom, Strom und großer Kunst in den Neubauten des Wallraf-Richartz-Museums und Museums Ludwig: eine Stadtwanderung mit Perspektiven und Pausen – zum Sehen und Gehen, Sitzen und Schauen.

Der Rundgang am zweiten Tag verlebendigt weitere Aspekte des Stadtzentrums mit seinen römischen Kulturstätten, romanischen Kirchen, mittelalterlichen Profanbauten und modernen

Geschäftszentren: eine leichte Art, durch 2 000 Jahre Stadtgeschichte zu spazieren.

Der dritte Tag erweitert noch einmal den Stadthorizont, führt in das urbane Leben eines kölnischen »Veedels«, in die Südstadt, über die jüngst wiedererstandenen Ringe zurück in die Medienstadt rund um den WDR.

Einige Vorschläge für Ausflüge in die Umgebung Kölns und ein Serviceteil mit nützlichen Köln-Daten sowie Empfehlungen für Restaurants, Bars und Discos runden den Stadtführer ab. Denn um auf den richtigen kölschen Geschmack zu kommen, darf neben den Abstechern zur großen Kunst auch der eine oder andere Sprung ins obergärige Vergnügen nicht fehlen. Von den zahlreichen Kölner Geschäften werden im wesentlichen nur die erwähnt, die an den Routen liegen.

Selbstverständlich verstehen sich die arrangierten Tagesläufe nur als Vorschläge. Nichts spricht dagegen, hier und da von der Route abzuweichen, um auf eigene Faust Entdeckungen zu machen: die Rundgänge erschließen Köln für »Einsteiger« und »Aussteiger« gleichermaßen. Dieselbe Kombinationsfreiheit gilt auch gegenüber der gewählten Reihenfolge der Tage, die Köln vom Zentrum aus, in Zwiebelscheiben sozusagen, zugänglich machen.

Ob aber komplett oder teilweise – Einladungen sind die Routen auf jeden Fall: zur Kunst und zum Genuß einer Stadterfahrung, die Zeit kostet, aber auch Zeit läßt.

Blick auf das Rheinpanorama von Deutz aus

II Colonia – Köln – Cologne
Zeittafel zur Geschichte der Stadt

von Gerta Wolff

38 oder 19 v. Chr. Der Feldherr Agrippa, Freund und
Schwiegersohn des Kaisers Augustus, Statthalter in Gallien,
gründet eine Siedlung für germanische Ubier, die er von der
rechten auf die linke Rheinseite umsiedelt. Mittelpunkt des
OPPIDUM UBIORUM war ein weithin bekanntes Reichs-
heiligtum, die ARA UBIORUM.

50 n. Chr. Agrippina, 15 n. Chr. in der Ubiersiedlung geboren,
Enkelin des Agrippa und Gemahlin des Kaisers Claudius,
erreicht, daß Köln Stadtrechte und einen neuen Namen
bekommt. Dieser umfaßt eine kurze Gründungsgeschichte:
C(olonia) C(laudia) A(ra) A(grippinensium), »die Stadt, die
unter Claudius am Platz der ARA auf Wunsch der Agrippina
gegründet wurde«. Veteranen, pensionierte Soldaten der
am Rhein stationierten Legionen mit ihren Familien,
Kunsthandwerker und Händler ließen sich in der COLONIA
nieder.

50–70 Die CCAA erhält eine etwa vier Kilometer lange Stadtmauer mit neun Toren und 21 Türmen. Ihre Haupt-
straßenachsen sind bis heute in der Kölner City
bestimmend: der CARDO MAXIMUS parallel zum Rhein in
Nord-Süd-Richtung ist die Hohe Straße, der DECUMANUS
MAXIMUS vom Rhein nach Westen die Schildergasse.

90 Die römischen Heeresbezirke am Rhein werden durch eine
Verwaltungsreform zu Provinzen. Köln war nun die Haupt-
stadt von Niedergermanien, der Statthalter residierte im
PRAETORIUM.

310 Zur Sicherung der Grenze läßt Kaiser Konstantin auf dem
rechten Rheinufer das Deutzer Kastell errichten und durch
eine feste Brücke mit der Stadt verbinden.

313/314 Um diese Zeit gibt es eine christliche Kirche an der
Stelle des Doms. Der erste bekannte Bischof ist Maternus.

401 Die römischen Legionen werden von der Rheingrenze
abberufen, Köln gerät unter die Herrschaft der Franken.

818 Hildebold, Freund und Berater Karls des Großen, erster
Erzbischof von Köln, wird in St. Gereon begraben.

Er ließ den Petrusaltar der inzwischen fast 500 Jahre alten ersten Bischofskirche mit kostbaren Metallen bekleiden.

870 Nach Brand des ältesten Doms wird an derselben Stelle der mehr als 95 Meter lange sogenannte Alte Dom errichtet und am 27. September von Erzbischof Willibert geweiht.

953 Bruno, der jüngste Bruder Kaiser Ottos I., wird Erzbischof von Köln und gleichzeitig Herzog von Lothringen. Damit war zum ersten Mal geistliche und weltliche Macht in der Hand des Kölner Bischofs vereinigt. Eine erste Stadterweiterung umschloß die Rheinvorstadt im Bereich der ehemaligen römischen Insel, die in etwa einem Kilometer Länge und 180 Metern Breite der Stadt vorgelagert war. Inmitten dieses nun durch eine Mauer befestigten Kaufmannsviertels gründete Bruno die Kirche Groß St. Martin. Andererseits wurde die von Konstantin erbaute Brücke zum Deutzer Kastell zu dieser Zeit wieder abgebrochen, so daß die Kölner bis ins 19. Jahrhundert den Fluß per Boot überqueren mußten. Im Auftrag Brunos bekam der Alte Dom zwei neue Seitenschiffe. Sein besonderes Interesse galt aber dem Neubau von St. Pantaleon, wo er 965 begraben wurde.

972 Kaiser Otto II. heiratet in Rom die byzantinische Prinzessin Theophanu. Der Kölner Erzbischof Gero hatte im Auftrag des Kaisers um sie geworben.

991 Kaiserin Theophanu stirbt in Nimwegen und wird in der Kirche St. Pantaleon in Köln bestattet.

999 Heribert, enger Freund Ottos III., wird Erzbischof. Er ließ an das östliche Querhaus des Doms eine Pfalzkapelle anbauen. Außerdem gründete er im alten Deutzer Kastell ein Benediktinerkloster und wurde dort 1021 begraben.

1049 Papst Leo IX. und Kaiser Heinrich III. besuchen gleichzeitig Köln. Seit diesem Jahr gab es im Kölner Domstift ständige Vertreter des Papstes und des Kaisers.

1074 Erzbischof Anno schlägt einen Aufstand der Kölner gegen ihn nieder und bestraft die Anführer mit großer Härte.

1106 Die zweite Stadterweiterung umfaßt die bis dahin außerhalb der Römermauer liegenden Stiftsbezirke von St. Ursula im Norden, St. Gereon im Westen und St. Georg im Süden.

1135 Um diese Zeit wird ein erstes Bürgerhaus an der Stelle des heutigen Rathauses gebaut; es gibt ein erstes städtisches Siegel neben denen des Königs und des Erzbischofs, und in den ersten Schreinsbüchern werden Grundstücksverträge zwischen einzelnen Bürgern notiert.

1164 Am 23. Juli kommt Rainald von Dassel, Erzbischof von Köln und Kanzler des Reichs für Italien, mit den bis dahin in Mailand verwahrten Reliquien der Heiligen Drei Könige in Köln an. Der Dreikönigenschrein wird geschaffen und mitten im Alten Dom aufgestellt.

1180 Zum dritten Mal wird die Stadt erweitert. Bis 1220 war der mehr als acht Kilometer lange, mit zwölf Toren ausgestattete neue Mauerring vollendet. Er schloß alle bis dahin noch unbefestigten Stiftsbezirke und große landwirtschaftlich genutzte Flächen vom Rhein aus in weitem Halbkreis ein.

1247 Als letzte der heute noch erhaltenen zwölf romanischen Kirchen wird die Stiftskirche St. Kunibert geweiht, obwohl der Westturm noch im Bau ist. Vollendet sind in diesem Jahr die Kirchen der anderen Herrenstifte St. Gereon, St. Severin, St. Aposteln, St. Georg und St. Andreas, die Damen-Stiftskirchen St. Maria im Kapitol, St. Cäcilien und St. Ursula, die beiden Benediktiner-Klosterkirchen St. Pantaleon und Groß St. Martin und außerdem die kleine Pfarrkirche St. Maria Lyskirchen.

1248 Am 15. August wird der Grundstein zum gotischen Dom gelegt.

1288 In der Schlacht bei Worringen, geführt wegen Erbstreitig-

Meister der kleinen Passion: Martyrium der hl. Ursula vor der Stadt Köln, Köln 1411 (Wallraf-Richartz-Museum)

keiten zwischen verschiedenen Fürsten, fällt für die Bürger Kölns eine wichtige Entscheidung: Auf der Seite der Sieger erkämpfen sie sich gegenüber dem unterlegenen Erzbischof Siegfried von Westerburg die politische Freiheit der Stadt. Die Erzbischöfe, die schon seit der Mitte des Jahrhunderts in Bonn residierten, kamen von nun an nur noch zu kirchlichen Anlässen nach Köln.

1388 Die erste bürgerliche Universität Deutschlands wird in Köln gegründet.

1396 Nach mehreren Aufständen gegen die bis dahin allein regierenden Patrizier übernehmen die Handwerker die Macht in der Stadt. Am 14. September tritt der Verbundbrief in Kraft. In ihm haben die in sogenannten Gaffeln zusammengeschlossenen Handwerker-Zünfte eine neue Stadtverfassung festgelegt.

1414 Der Rathausturm wird vollendet. An seinen durch große Fenster gegliederten fünf Geschossen haben 130 Figuren auf Konsolen Platz.

1424 Die Juden, seit dem 4. Jahrhundert in Köln nachgewiesen, um die Mitte des 11. Jahrhunderts schon auf dem Gelände des römischen Praetoriums angesiedelt und über Jahrhunderte unmittelbare Nachbarn des Rathauses, werden endgültig aus der Stadt gewiesen. An Stelle der Synagoge

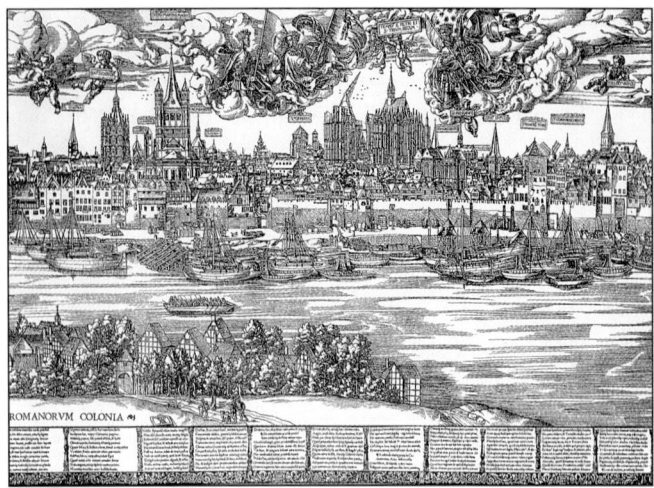

Anton Woensam: Große Ansicht von Köln, Holzschnitt in neun Teilen, Köln 1531 (Ausschnitt)

entstand die Ratskapelle, für die Stefan Lochner vor der Jahrhundertmitte seinen berühmten »Altar der Stadtpatrone« malte.

1475 Kaiser Friedrich III. erhebt Köln zur freien Reichsstadt mit dem Recht, Münzen zu prägen.

1544 Die ersten Jesuiten kommen nach Köln und unterrichten schon bald am ehrwürdigen Dreikönigengymnasium. Sie waren für die Stadt eine Hilfe gegen die Reformation, die Erzbischof Hermann von Wied einführen wollte.

1560 Die Bauarbeiten am Dom werden eingestellt. Der schon um 1300 vollendete, im Innern 45 Meter hohe Chor ist durch eine Wand von den nur 13 Meter hoch gebauten Lang- und Querschiffen getrennt. Der Südturm hat eine Höhe von 50 Metern erreicht, die Querhausfassaden sind noch nicht begonnen.

1573 Das Rathaus erhält eine Renaissance-Vorhalle, deren Schmuck sowohl die römische Vergangenheit als auch die Befreiung von der weltlichen Macht der Erzbischöfe in Erinnerung ruft.

1583 Der Versuch des Erzbischofs Gebhard Truchseß von Waldburg, das Erzstift Köln in ein protestantisches Fürstentum umzuwandeln, führt zum sogenannten Truchseßischen Krieg, in dem die katholischen Fürsten und die Kölner Bürger mit Hilfe bayerischer Truppen siegen.

Neuer Erzbischof wurde Ernst von Bayern. Er war der erste von fünf Bischöfen aus dem Hause Wittelsbach, die bis 1761 das Erzstift regierten.

1618 Die Jesuiten beginnen mit starker Unterstützung durch den Erzbischof den Bau der Kirche St. Mariä Himmelfahrt.

1686 Am 23. Februar wird der Kaufmann Nikolaus Gülich enthauptet. Er hatte Mißstände im Rat aufgedeckt und mit der Unterstützung vieler Bürger die Verurteilung korrupter Ratsmitglieder durchgesetzt. Dann aber scheiterte er daran, daß auch er die Macht, die er nach seinem Aufstand in der Stadt erreicht hatte, mißbrauchte.

1794 Am 6. Oktober übergibt der Stadtrat freiwillig die Stadtschlüssel an den Kommandanten der französischen Revolutionstruppen. Damit ist das Ende der freien Reichsstadt Köln besiegelt. Die Besatzung brachte Verwaltung und Recht nach französischem Vorbild, das Erzbistum wurde aufgehoben, die Universität geschlossen.

1802 Alle Stifte und Klöster werden zu Staatseigentum erklärt, die Institutionen aufgelöst und die Konventsgebäude abgebrochen. Gleichzeitig wurde aber die freie Religionsausübung gewährleistet. Da die katholischen Gemeinden nun den Gottesdienst in die ehemaligen großen Stiftskirchen verlegten, blieben diese erhalten, während die meisten kleineren Pfarrkirchen nach und nach wegen Baufälligkeit abgebrochen werden mußten. Unendlich viele Gemälde, Bildwerke und kirchliche Geräte gingen unter, auch wenn Sammler wie Ferdinand Franz Wallraf und die Brüder Sulpiz und Melchior Boisserée versuchten, möglichst viele Kunstwerke zu retten. Juden und Protestanten, die über Jahrhunderte nicht in der Stadt geduldet worden waren, gründeten neue Gemeinden.

1814 Schon vor der Abdankung Napoleons, der 1804 und 1811 Köln besucht hatte, verlassen die Franzosen am 14. Januar nach 20 Jahren wieder die Stadt; preußische und russische Truppen lösen sie ab.

1815 Beim Wiener Kongreß wird das Rheinland dem Königreich Preußen zugesprochen. Zum Leidwesen der Kölner kommt die Provinzregierung nach Koblenz und die neue Universität nach Bonn.

1821 Durch eine Vereinbarung Preußens mit dem Papst wird das Erzbistum Köln wiedererrichtet. Der neue Erzbischof Graf von Spiegel trat sein Amt 1825 an. Als erster Bischof seit der

Mitte des 13. Jahrhunderts erhob er keinen Anspruch auf weltliche Macht und wohnte wieder in der Stadt.

1822 Nach mehr als 800 Jahren wird wieder eine Brücke über den Rhein gebaut, der bald weitere folgten. Heute gibt es acht Brücken im Kölner Stadtgebiet.

1825 Der erste Rheindampfer läuft in Köln vom Stapel. Die Strecke Köln – Rotterdam – Antwerpen wird nach Fahrplan befahren.

1839 Auf dem gerade fertiggestellten Teilstück der Eisenbahnlinie Köln – Aachen fahren die ersten Züge bis Müngersdorf.

1842 Am 4. September wird in Anwesenheit des preußischen Königs Friedrich Wilhelm IV. der Grundstein zum Ausbau des Doms gelegt.

1861 Das Wallraf-Richartz-Museum wird eröffnet. Der Kaufmann Heinrich Richartz hatte das Geld für den Museumsbau gestiftet, in dem nun die umfangreiche Kunstsammlung des schon 1824 verstorbenen Ferdinand Franz Wallraf ausgestellt wurde.

1880 Der Dom ist vollendet. Der Gottesdienst ist kurz und wenig feierlich, denn der Erzbischof Melchers lebt nach großen Schwierigkeiten mit dem preußischen Staat in Holland und darf auch zu diesem Anlaß nicht nach Köln kommen.

1881 Die inzwischen für die schnell wachsende Stadt als einengend empfundene mittelalterliche Befestigung wird abgebrochen. Nur wenige Reste, darunter drei Tore, blieben verschont. In den folgenden Jahren entstanden an Stelle des alten Stadtgrabens die Ringstraßen und im Anschluß daran die sorgfältig geplanten Quartiere der Kölner Neustadt.

1888 Zunächst werden eine ganze Reihe von linksrheinischen Dörfern in der Umgebung Kölns eingemeindet. 1910, 1914, 1922 und 1975 wuchs die Stadt weiter von einem Quadratkilometer in römischer Zeit bis zu mehr als 405 Quadratkilometern heute.

1917 Mitten im Ersten Weltkrieg wird Konrad Adenauer, der schon seit 1906 Beigeordneter war, Oberbürgermeister von Köln. In seiner Amtszeit wurde 1919 die Universität wieder eröffnet, 1923 das Stadion in Müngersdorf errichtet, ab 1924 ein sieben Kilometer langer innerer und ein 30 Kilometer langer äußerer Grüngürtel um Köln gelegt und schließlich die Kölner Messe auf der Deutzer Rheinseite gegründet.

August Sander: Der Heumarkt mit dem Denkmal Friedrich Wilhelm III., Foto um 1935

1933 Adenauer wird abgesetzt, nachdem die NSDAP bei den Kommunalwahlen am 13. März die stärkste Partei im Stadtrat geworden war.

1939 Am 1. September beginnt der Zweite Weltkrieg.

1941 Beim Bau eines Luftschutzbunkers an der Südseite des Domchors wird das römische Dionysosmosaik entdeckt. Heute ist es Mittelpunkt des 1974 darüber eröffneten Römisch-Germanischen Museums.

1942 Joseph Frings, Regens des Priesterseminars, wird Erzbischof von Köln. In diesem Jahr erleidet die Stadt den ersten großen Luftangriff, dem bis zum 2. März 1945 noch mehrere folgen.

1945 Am 6. März ist in Köln der Krieg zu Ende. Amerikanische Truppen besetzen die zu 90 % zerstörte Stadt. Adenauer übernimmt vom 4. Mai bis zum 6. Oktober von neuem das Amt des Oberbürgermeisters. Später, von 1949 – 63, war er der erste Kanzler der Bundesrepublik Deutschland.

1948 Zur Erinnerung an die Grundsteinlegung des Doms vor 700 Jahren feiern die Kölner am 15. August inmitten der Trümmer ein glanzvolles Fest. Der Chor ist wieder geöffnet, die Erneuerung der Langhausgewölbe hatte begonnen und wurde 1956 beendet.

1967 Im Alter von 91 Jahren stirbt Konrad Adenauer und wird im Kölner Dom aufgebahrt.

Karl-Hugo Schmölz: Blick vom Kölner Dom auf den Wallraf-Platz, Foto 1946

1986 Am 6. September wird das neue Wallraf-Richartz-Museum/
Museum Ludwig und eine Woche später die als riesiger
Trichter unter den neuen Museen in den Boden gebaute
Kölner Philharmonie mit 2 000 Plätzen eröffnet.

1989 Am 11. Juni wird das seit dem 11. Juni 1888 bestehende
Kunstgewerbemuseum unter dem Namen »Museum für
Angewandte Kunst« wiedereröffnet, dessen Schätze nun in
den ehemaligen Räumen des Wallraf-Richartz-Museums zu
sehen sind.

1993 Der am 29. Oktober 1991 in Köln ausgegrabene Achilles-
pokal, ein mit leuchtenden Emailfarben bemaltes, ein-
maliges Glasgefäß aus dem 3. Jahrhundert, wird im Frühjahr
zum ersten Mal ausgestellt; am 3. Oktober wird St. Kunibert,
die letzte der zwölf romanischen Kirchen und die einzige mit
kostbaren Glasmalereien des 13. Jahrhunderts, nach ihrem
vollendeten Wiederaufbau feierlich eingeweiht; im
MediaPark beginnt der Bau eines außergewöhnlichen
Hochhauses, dessen 140 Meter hohe Glasfassade am
Abend in buntem Lichterspiel erstrahlen soll.

III »Wirtschaftszentrum West« oder: Wovon lebt die Stadt Köln?

von Gerhard Knauf

Das »Wirtschaftszentrum West«, wie sich Köln mit seinem Umland gern bezeichnet, ist neben Berlin, München, Hamburg und Stuttgart der fünftgrößte Industrieraum der Bundesrepublik. Knapp 80 Milliarden DM werden von gut 430 000 Beschäftigten jährlich erwirtschaftet. Industrie, Handel, Handwerk und Dienstleistungen sind das Rückgrat dieses Erfolgs.

Vieles verdankt die Stadt ihrer langen ökonomischen Tradition. Schon zur Römerzeit war Köln Umschlagplatz für englischen Weizen und spanischen Wein. Die Stapelpflicht – alle Waren, die zu Schiff Köln passierten, mußten drei Tage gelagert werden, wobei die Kölner ein Vorkaufsrecht hatten – machte Köln im Mittelalter zur reichsten Stadt Deutschlands. In unserem Jahrhundert war es Henry Ford I, der die optimale geographische Lage Kölns im Herzen Europas erkannte und hier sein erstes europäisches Werk errichtete. So bedeutet die Verwirklichung des europäischen Binnenmarkts für Köln keine Horrorvision, sondern wird von Wirtschaft und Verwaltung als Chance begriffen, eine 2 000jährige Tradition mit neuem Leben zu erfüllen. Schwerer tut man sich mit einem Regionalkonzept, wie es durch die Hauptstadtentscheidung

»Siebengebirge«: Lagerhallen am Rheinauhafen in der Südstadt (1908/09; Architekt: Hans Verbeek)

notwendig geworden ist. Alte Rivalitäten mit Düsseldorf und Animositäten gegenüber Bonn belassen die Regio-Planungen, die anderswo in Deutschland und Europa bereits realisiert sind, im Kompetenzgerangel von Ausschüssen.

Die Innovations- und Investitionsbereitschaft ist in und um Köln überall sichtbar. Zugpferd ist die Chemische Industrie, die sich wie ein Ring um Köln legt – mit etwa 70 Betrieben, 70 000 Beschäftigten und einem Jahresumsatz von über 25 Milliarden DM. Fast ebenso viele Arbeitsplätze bietet die Fahrzeug- und Maschinenbauindustrie, die knapp 20 Milliarden DM in rund 200 Betrieben erwirtschaftet. Bedenkt man, daß darunter Ford mit ca. 20 000 Beschäftigten nicht nur Kölns größter Arbeitgeber und das mit 20 Milliarden DM umsatzstärkste Unternehmen innerhalb der Stadtgrenzen ist, so wird sichtbar, daß es gerade im Maschinenbausektor eine Vielzahl mittlerer und kleinerer Unternehmen sind, die zum Wirtschaftsaufkommen beitragen. Ergänzt wird diese hochspezialisierte Mittelstandsindustrie durch 23 000 Betriebe im Bereich der Handwerkskammer – wobei nahezu 50 Innungen vertreten sind – mit etwa 200 000 Beschäftigten und 25 000 Ausbildungsplätzen. Ihnen kommt die Stadt mit mehr als 15 geplanten oder schon fertiggestellten Gewerbehöfen und Gewerbeparks entgegen.

Das Prinzip dieser Parks ist einfach, aber wirtschaftlich und städtebaulich effektiv, weil es durch Herausnahme gewerblicher Betriebe aus dem Kernstadtbereich Sanierungsflächen schafft, die zum Wohle der Bürger umgewandelt werden können. Das »Kölner Modell« wird heute bundesweit kopiert. Areale überschaubarer Größe, oft in enger Anbindung an randstädtische Wohngebiete, werden voll erschlossen, architektonisch homogen bebaut und zu günstigen Bedingungen an Gewerbetreibende abgegeben. Mitten in Köln entsteht das beeindruckendste Beispiel Kölner Stadtentwicklungs- und Wirtschaftsstrukturpolitik, der MediaPark Köln. Auf dem etwa 200 000 Quadratmeter großen Grundstück des ehemaligen Güterbahnhofs Gereon entstehen nach dem städtebaulichen Entwurf des deutsch-kanadischen Architekten Eberhard Zeidler 30 Gebäude, die sich halbkreisförmig um einen zentralen Platz gruppieren. Auf etwa 120 000 Quadratmetern Nutzfläche werden sich Firmen und Projekte aus den Branchen Telekommunikation, Medien, Aus- und Weiterbildung und Forschung und Entwicklung ansiedeln. Kunst und Kultur gehören, soweit sie sich neuer Techniken bedienen, ebenso zum Nutzungskonzept wie ein Kinozentrum, das durch den Cinedom

Blick auf die Bayer AG am Rhein in Leverkusen. Die Kölner Stadtgrenze geht durchs Werkgelände.

schon realisiert worden ist, desgleichen Geschäfte, Cafés und Restaurants. Zusätzlich werden etwa 200 Wohnungen gebaut. Umgeben ist das Zentrum für Telekommunikation und Medien von einem etwa 100 000 Quadratmeter großen öffentlichen Park mit einem kleinen See. Damit wird Köln einen weiteren städtebaulichen Akzent bekommen und seine Favoritenrolle als Medienzentrum ausbauen. Schon jetzt sind, nimmt man alle acht Rundfunk- und Fernsehanstalten, alle 80 Filmstudios, alle 400 Verlage und Druckhäuser zusammen, über 30 000 hochspezialisierte Arbeitsplätze in diesem Bereich vorhanden.

Mit 20 000 Beschäftigten und einem Beitragsaufkommen von rund 15 Milliarden DM beteiligen sich die 60 Versicherungsgesellschaften, die ihren Hauptsitz in Köln haben, und die 200 Niederlassungen anderer Stammgesellschaften am Wirtschaftspotential der Stadt. Sie machen Köln zu einer der großen Assekuranz-Metropolen Europas und sicher zu einer der ältesten, denn gegen Zahlung fester monatlicher Beträge sicherten die *collegia tenuiorum* oder *collegia funeratica* schon zur Römerzeit ein standesgemäßes Begräbnis zu. Während der alte Standort der Versicherungen beiderseits der Ringstraßen lag, wächst heute die Tendenz, diese flächen- und personalintensiven Betriebe aus dem Innenstadtbereich herauszunehmen und an den Stadtrand oder das Rheinufer zu verlegen. Als Folge sind dort eine Reihe herausragender Gebäude entstanden, die Kölns Ruf als Stätte moderner Wirtschaftsarchitektur international begründet haben.

Im Stadtbild architektonisch unauffälliger präsentieren sich die über 300 Banken und Geschäftsstellen, die mehr als 15 000 Kölnern einen Arbeitsplatz bieten. Nicht unerheblich trägt die Stadt Köln selbst zum Wirtschaftsaufkommen bei, da sie 20 000 Beamte, Angestellte und Arbeiter beschäftigt und über einen Etat von 4,5 Milliarden DM verfügt, oder das Erzbistum Köln, mit etwa 1 Milliarde DM das zur Zeit einnahmenstärkste Bistum der Welt.

In Köln setzt man besonders auf den Dienstleistungssektor, denn trotz der gewaltigen Wertschöpfung sind die Beschäftigungszahlen in der Industrie rückläufig. 20 000 Arbeitsplätze gingen in diesem Bereich in den letzten zehn Jahren verloren, die allerdings weitgehend kompensiert wurden durch die Schaffung 30 000 neuer Stellen im Tertiären Sektor. Mit derzeit etwa 50 000 Arbeitslosen, das sind 11,7 % im Stadtgebiet (April 1993), liegt Köln vor vergleichbaren Großstädten und weit über dem westdeutschen Bundesdurchschnitt. Dem versuchen die Verantwortlichen in Rat und Verwaltung mit allen Mitteln entgegenzuwirken, und das eigens geschaffene Amt für Wirtschaftsförderung bemüht sich um jeden Investor.

Besonders erfolgreich war man in der Hotelbranche. Rund zehn neue Hotels wurden oder werden zur Zeit erstellt, die Hälfte davon sind der Luxusklasse zuzurechnen. Sie ergänzen die 17 000 Betten in Hotels, Pensionen und Gasthöfen, über die Köln bereits verfügt und in denen jährlich 1,3 Millionen Touristen durchschnittlich meist zwei Nächte beherbergt werden. Rechnet man all diejenigen hinzu, die bei Freunden und Verwandten nächtigen oder nur einen Tag in Köln weilen, so ergibt sich die stattliche Zahl von 20 Millionen Besuchern jährlich. Auch diese sind ein nicht zu unterschätzender Wirtschaftsfaktor. Nicht nur die rund 20 000 Beschäftigten im Gaststättengewerbe – Köln hat immerhin 3 300 Kneipen, Restaurants, Bars und Discos – bemühen sich um die Gäste, sondern auch ein Großteil der knapp 15 000 Ladengeschäfte mit einem Gesamtumsatz von etwa 15 Milliarden DM profitiert nicht unerheblich von ihnen.

Um Köln noch erreichbarer zu machen, werden nicht nur die zehn Autobahnen, die Köln umgeben, beständig erneuert, sondern es wird auch der Flughafen ausgebaut, der im Frachtaufkommen mit 200 000 Jahrestonnen der zweitgrößte nach Frankfurt/Main ist, und eine Schnellbahn zum Flughafen ist in der Vor-

Hyatt Regency Hotel am Deutzer Ufer

planung. Damit wäre die längst fällige Anbindung an die Flughäfen Düsseldorf und Frankfurt/Main erreicht und Kölns Stellung als wichtigster Verkehrsknoten im Westen Deutschlands gestärkt. Bei rund 1 100 Personenzügen täglich verläßt alle ein bis zwei Minuten ein Zug den Kölner Hauptbahnhof und macht ihn zum meistfrequentierten der Bundesrepublik. Verstärkt wird diese Position durch die 350 Güterzüge, die allein täglich die Südbrücke überqueren und dazu beitragen, daß im neuangelegten Containerbahnhof allein 15 Millionen Tonnen Bahnfracht jährlich verladen werden. Kein Wunder, daß unter diesen Umständen die Stadt bemüht ist, an die neuzubauende Schnellstrecke nach Paris angeschlossen zu werden, damit das »Wirtschaftszentrum West« in einem vereinten Europa noch mehr Impulse geben und empfangen kann.

IV   Der Kölner Dom

von Arnold Wolff

Ganz gleich, von welcher Seite man sich Köln nähert, ob von Aachen, von Bonn oder von Bensberg: immer wird plötzlich der Dom genau in Fahrtrichtung auftauchen, ob fern am Horizont über der im Dunst liegenden Stadt schwebend oder klar und einsam aus der leicht gewölbten Straße aufragend. Doch schon bald verschwindet er im Häusermeer, um erst wieder sichtbar zu werden, wenn man seine nähere Umgebung erreicht.

Die Frühzeit des Christentums in Köln

Die Wurzeln des Doms reichen bis tief in die Zeit der frühen Christen, die sich spätestens seit dem 3. Jahrhundert an jener Stelle versammelten, über die heute die Kathedrale emporragt. Wie in allen Städten des römischen Weltreichs hatten sie sich einen Platz an der Stadtmauer dicht neben einem der Haupttore ausgesucht. Hier besaßen sie ein kleines Haus, das sie mehrmals umbauten und das in seiner letzten Gestalt immerhin einen Versammlungsraum besaß, der nicht nur heizbar, sondern mit etwa 260 Quadratmetern auch bereits mehr als dreimal so groß war wie der berühmte Saal mit dem Dionysosmosaik unter dem heutigen Römisch-Germanischen Museum. Als dann im Jahr 313 Kaiser Konstantin die Glaubensfreiheit gewährte, erweiterte man das Anwesen zu einer 40 Meter langen Kirche mit Westchor, der nach Osten hin ein Atrium vorgelagert war. Östlich davon erhoben sich Wohnhaus und eine Taufkapelle, deren achtstrahliges Becken von 4,80 Meter Durchmesser noch erhalten ist. Die zunächst so bescheidene Anlage hatte damit noch vor dem Jahr 400 eine Länge von fast 130 Metern erreicht.

Die fränkische Bischofskirche

Nach den Römern, die bald darauf die Stadt verließen, herrschten die Franken in Köln, und einer ihrer Könige, der Chlodwig-Enkel

Theudebert I., residierte hier von 533 bis 548. Damals gab es im Atrium der Kirche eine kleine, geostete Kapelle, in der eine vornehme Dame und ein etwa sechsjähriger Knabe aus der Umgebung des Königs bestattet wurden. Groß war die Überraschung, als im Jahr 1959 die Reste der prächtigen Grabbeigaben geborgen werden konnten, von denen man heute einige in der Schatzkammer des Doms sieht. Um das Jahr 565 erweiterte Bischof Clarentinus die Kirche auf mehr als die doppelte Größe. Dem alten Westchor, der der Hauptchor blieb und offenbar dem täglich siebenmaligen Chorgebet der Priester diente, stellte er einen Ostchor für den Volksgottesdienst am Sonntag gegenüber und schuf so den später für alle großen Dome in Deutschland verbindlichen Typus der doppelchörigen Kirche, wie wir ihn aus Mainz, Worms und Bamberg kennen.

Karl der Große ließ um 787 seinen Hofkaplan und geistlichen Berater Hildebold zum Bischof von Köln weihen und erhob ihn noch vor 800 zum Erzbischof. Hildebold scheint sogleich mit Baumaßnahmen begonnen zu haben. Wahrscheinlich hat er den Westchor neu gebaut und ihm zwei Türme vorgelagert. So zeigt es jedenfalls der berühmte St. Gallener Klosterplan, der den Grundriß des Kölner Doms um das Jahr 810 wiedergeben dürfte.

Der Alte Dom

Im Lauf des 9. Jahrhunderts begann man mit dem Bau eines neuen Doms. Die Kölner Überlieferung schreibt diese Tat Erzbischof Hildebold († 818) zu, doch die Archäologen können beweisen, daß die Arbeiten erst nach 850 begonnen haben können. Fest steht jedenfalls, daß Erzbischof Willibert jene mächtige, doppelchörige Basilika, die wir heute den Alten Dom nennen, am 27. September 870 (oder 873) weihte. Erzbischof Bruno (953–965), der Stab und Ketten des hl. Petrus nach Köln brachte, erweiterte den Dom um je ein Seitenschiff auf jeder Seite und machte ihn damit fünfschiffig. Erzbischof Heribert (999–1021) fügte an der Südseite eine Pfalzkapelle hinzu, deren Reste heute im Hof der Dombauhütte zu sehen sind. Doch das größte Ereignis wurde die Überführung der Gebeine der Heiligen Drei Könige von Mailand nach Köln durch Erzbischof Rainald von Dassel im Jahr 1164. Man begann nicht nur sofort einen prächtigen, goldglänzenden Schrein zu bauen, sondern modernisierte auch die Kirche, indem man ihr durch Umformung der nunmehr sechs Turmdächer ein »romanisches« Aussehen gab.

Die hochgotische Kathedrale

Bald jedoch genügte dies nicht mehr. Als in Frankreich die ersten gotischen Kathedralen emporwuchsen, beschloß auch das Kölner Kapitel, den Dom in dieser unerhört modernen Weise neu zu bauen. Am 15. August 1248 legte Erzbischof Konrad von Hochstaden den Grundstein, und bereits um 1265 konnten die Domherren in den sieben Chorkapellen den Gottesdienst feiern. Als der innen 45 Meter und außen 60 Meter hohe Chor im Rohbau vollendet war, schloß man ihn nach Westen mit einer provisorischen Mauer ab. Die Fenster wurden mit farbigen Glasgemälden geschmückt, das Chorgestühl mit seinen 104 Sitzen und fast 500 Darstellungen aus hartem Eichenholz geschnitzt. Den Hochaltar bedeckte man mit einer 4,52 x 2,12 Meter großen tiefschwarzen Marmorplatte und umgab ihn mit schneeweißen Arkaden aus Carrara-Marmor, unter die man die Figuren der Apostel und anderer Heiliger stellte. Am 27. September 1322 konnte Erzbischof Heinrich von Virneburg dem glanzvollen Bau die Weihe erteilen, und seitdem erklang hier das Chorgebet des Domkapitels.

Um diese Zeit hatten die Steinmetzen bereits mit dem Bau des südlichen der beiden geplanten riesigen Westtürme begonnen, deren Höhe gemäß des noch erhaltenen, vier Meter hohen Pergamentplans der Gesamtlänge des Doms entsprechen sollte: 500 Fuß, das sind etwa 150 Meter! Im Norden baute man ab etwa 1410 an den Seitenschiffen und stattete sie um 1508 mit prächtigen Glasgemälden aus. Doch im Jahr 1560 beschloß das Kapitel, die Bauarbeiten einzustellen. 263 Jahre lang rührte sich nun kein Hammerschlag mehr an dem gewaltigen, nur zur Hälfte fertigen Bau. Nur der riesige Kran auf dem Südturm erinnerte daran, daß das Werk einmal weitergeführt werden sollte.

Vollendung im 19. Jahrhundert

Es hätte nicht viel gefehlt, dann wäre das, was vom Kölner Dom stand, in den Wirren der Französischen Revolution wie die Kathedralen von Lüttich, Arras und Cambrai völlig untergegangen. Doch er hatte das Glück, daß er, nachdem er sieben Jahre als Futtermagazin für die Armeepferde gedient hatte, wenigstens Pfarrkirche wurde. Inzwischen hatte Sulpiz Boisserée damit begonnen, den Bau aufzumessen und ihn in seiner geplanten Vollendung darzustellen. Bald schon begeisterte man sich in ganz Deutschland für die Idee des Weiterbaus, und sogar Goethe setzte sich, nachdem Köln 1815 preußisch geworden war, vehement dafür ein. Da von dem alternden Friedrich Wilhelm III. nichts zu erwarten war, hoffte man auf dessen kunst- und mittelalterbegeisterten Sohn, der endlich 1840 den Thron bestieg.

Friedrich Wilhelm IV. genehmigte unverzüglich den Weiterbau des Doms und die Gründung des Dombauvereins. Er versprach, jährlich mindestens soviel beizusteuern, wie der Verein zu sammeln imstande war. Am 4. September 1842 legte er eigenhändig und gemeinsam mit Erzbischof-Koadjutor Johannes von Geissel den Grundstein zur südlichen Querhausfassade. Von da an entfaltete sich, von Dombaumeister Zwirner künstlerisch und organisatorisch genial geleitet, ein fast stürmischer Baubetrieb. Schon 1848 waren Lang- und Querhaus bis über das Triforium aufgebaut; 1861 war der 109 Meter hohe Dachreiter fertig und 1863 der gesamte Innenraum. Da die bisherigen Methoden der Geldbeschaffung für den Bau der Türme nicht ausgereicht hätten, veranstaltete man seit 1865 die Dombaulotterie, die ungeahnte Summen einbrachte, so daß man den 157 Meter hohen Westbau in nur 17 Jahren vollenden konnte. Am 15. Oktober 1880 setzte die Dombauhütte in Anwesenheit von Kaiser Wilhelm I., aber in Abwesenheit des mit Gefängnis bedrohten Erzbischofs den letzten Stein auf die Kreuzblume des Südturms.

Restaurierung und neue Zerstörung

Das beginnende 20. Jahrhundert sah neue Gefahren auf den Dom zukommen, doch erst als herabstürzende Steine beinahe einige Besucher erschlagen hätten, wurden die Rufe des Dombaumeisters gehört. Dennoch kamen die Erneuerungsarbeiten am Chor erst 1926 in Gang. In wenigen Jahren wurden die verfallenen Originalteile des mittelalterlichen Strebewerks durch Kopien in Muschelkalk vom Main ausgetauscht. Diese Arbeit war noch nicht abgeschlossen, als weit schlimmere Zerstörungen begannen. Tausende von Brandbomben, 14 schwere Sprengbomben und zum Schluß noch Einschläge von Artilleriegranaten ließen die meisten Gewölbe einstürzen, die Dachdeckung wegfliegen und die Fenstermaßwerke zerbrechen. Glücklicherweise hatte man die kostbaren Glasgemälde ausgebaut. Nach der Einstellung der Kampfhandlungen schien allein der Dom aus der trostlosen Trümmerwüste unversehrt herauszuragen, doch sein Inneres bot ein Bild heilloser Zerstörung. Zehn Jahre werde man brauchen, so schätzten Fachleute, bis man hier wieder ein festliches Pontifikalamt werde feiern können. Diese Zeit dachte das Domkapitel zu nutzen, um endlich unter dem Fußboden des Doms nach den Resten der Vorgängerbauten suchen zu lassen. Am 26. Mai 1946 begann Otto Doppelfeld mit den Ausgrabungen, die schon nach wenigen Wochen unerwartet deutliche Ergebnisse brachten. Nach und nach grub er den Alten Dom aus den Schuttmassen heraus, und als Willy Weyres nach 1963 die Grabungen weiterführte, kamen auch die Spuren des ältesten Doms und um 1980 sogar die der frühchristlichen Zeit wieder ans Tageslicht.

Wiederaufbau und Erhaltung in der Gegenwart

Weyres, der im November 1944 zunächst zum kommissarischen Dombaumeister ernannt worden war, hatte schon im April 1945 mit den Aufräumungs- und ersten Sicherungsarbeiten begonnen. Bis zum Domjubiläumstag, dem 15. August 1948, gelang es ihm mit einer unglaublichen Kraftanstrengung, wenigstens den Chor wieder benutzbar zu machen. Seine schweren Gewölbe aus der Zeit vor 1300 hatten den Bomben mehr Widerstand entgegengesetzt als die kunstvollen, dünnen Steindecken des 19. Jahrhunderts. Acht weitere Jahre brauchte Weyres, bis er das gesamte Innere des Doms dem Gottesdienst zurückgeben konnte.

Doch die Arbeiten waren damit nicht beendet. Erst jetzt konnte man darangehen, die schweren Lücken zu schließen, die am Außenbau klafften. 1962 begann man, die grausam zerschundene nördliche Querhausfassade zu erneuern. Hatte deren Aufbau gerade elf Jahre gedauert, so benötigte man für ihre Restaurierung 20 Jahre. Inzwischen meldete sich einer der gefährlichsten Treffer aus dem Zweiten Weltkrieg wieder. Am nördlichen Strebepfeiler des Nordturms, aus dem eine Luftmine 80 Kubikmeter Quaderwerk herausgesprengt hatte und den man noch während der Kämpfe schnell und sachgerecht mit Ziegeln ausgemauert hatte, drückte das darunter liegende Mauerwerk nach außen, so daß man im April 1989 mit der Sanierung beginnen mußte.

So ist ein Ende der Dombauarbeiten, die nichts Neues schaffen, sondern nur Vorhandenes bewahren und, wo es verloren ging, in der ursprünglichen Form ergänzen wollen, nicht abzusehen. Man kann voraussagen, daß niemand der heute Lebenden den Dom jemals ohne Gerüste sehen wird. Die Kölner haben sich längst an diesen Zustand gewöhnt, ja sie halten ihn für tröstlich, denn, so sagen sie, wenn der Dom fertig ist, geht die Welt unter.

1. Tag – Programm: Dom – Wallraf-Richartz-Museum/Museum Ludwig – Hohenzollernbrücke – Messeturm – Deutzer Brücke – Altstadt – Groß St. Martin – Rheingarten – Dom

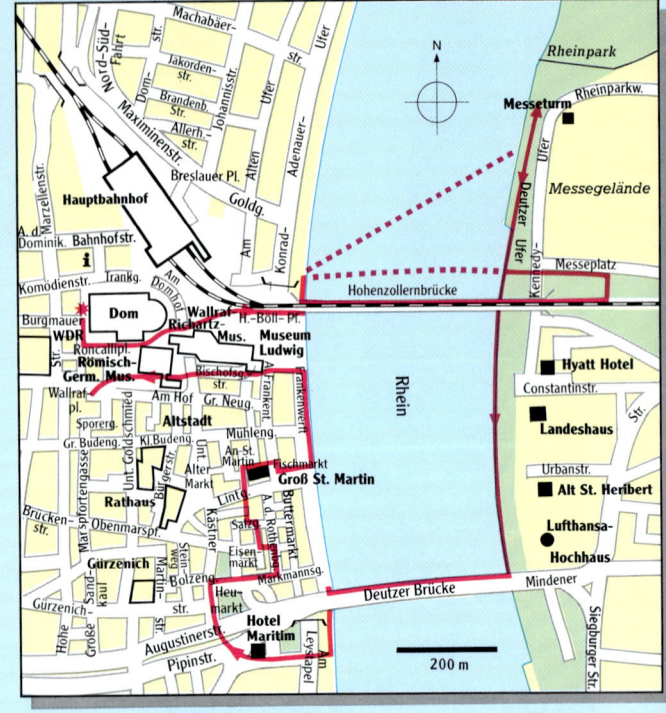

Vormittag	Dom – Wallraf-Richartz-Museum/Museum Ludwig – Hohenzollernbrücke (Fähre) – Rheinpark
	Mittagspause
Nachmittag	Deutzer Ufer (Kölner Rheinpanorama) – Deutzer Brücke – Heumarkt – Eisenmarkt – Ostermannplatz – Alter Markt – Groß St. Martin – Fischmarkt – Rheingarten – Bischofsgartenstraße – »Hafenstraße« (rekonstruierte römische Straße) – Domplatz

Alternativen: An Montagen, wenn die städtischen Museen geschlossen sind, bietet sich ein Besuch im Erzbischöflichen Diözesan-Museum (vgl. Museen) oder ein Kulturjogging durch die Kölner Kunstszene an (vgl. »Galerien« im Serviceteil, S. 117 ff.).

Café Reichard

Unter Fettenhennen 11
Tägl. 8.30–20 Uhr
Bau im neugotischen Stil von
1903/04, bis auf die Dach-
konstruktion detailgetreu
rekonstruiert; Logenplatz für
den Anblick des Doms.
Opulente Frühstücksmöglich-
keiten vom Müsli bis zum
Brunch.

Café Jansen

Ecke Obenmarspforten und
Marspfortengasse
Mo–Fr 9–18.30 Uhr,
Sa 9–18 Uhr, So 13–18 Uhr,
Frühstück ab 9 Uhr
Altes Café mit ansprechendem
Rondellbau.

Domplatte

Stahlbetonkonstruktion von
1968–74, Architekt: Fritz Schaller;
Dom steht entgegen der mittelalterlichen Bausituation isoliert,
präsentiert sich aber dem Be-
trachter optimal; Entlastung des
Autoverkehrs, der ungehindert
unter der Platte her verläuft.

Kölner Dom

Tägl. 6.30–19 Uhr; Domchor Sa
ab 13.30 Uhr geschl., So nur
13–16.30 Uhr geöffnet
Führungen: Mo–Fr 10, 11, 14.30,
15.30 Uhr; Sa 10, 11 Uhr; So 14.30,
15.30 Uhr. – Turmbesteigung:
509 Stufen auf 100 Meter Höhe,
tägl. 9–17 Uhr im Sommer, Frühjahr und Herbst, bis 16 Uhr im
Winter.

Wallraf-Richartz-Museum/ Museum Ludwig

Bischofsgartenstr. 1
✆ 2 21-23 79

Di–Do 10–20 Uhr,
Fr–So 10–18 Uhr, Mo geschl.
Öffentliche Führungen:
Di 18 Uhr, Sa, So 11 Uhr
Cafeteria: Öffnungszeiten wie
Museum
1986 zusammen mit der im
selben Komplex untergebrach-
ten Philharmonie eröffnet,
Architekten: Peter Busmann und
Godfrid Haberer. Gestaltung
des Heinrich-Böll-Platzes:
Dani Karavan.

Hohenzollernbrücke

1855–59 erster Rheinübergang
(damals Dombrücke), Neubau
1907–11 als Hohenzollern-
brücke, nach der Zerstörung
im Krieg wiederaufgebaut
1946–48/1957–59; heute nur
noch Eisenbahnbrücke, aber
auch für Fußgänger und Radfah-
rer offen. Täglich etwa 1 100
Züge vom IC bis zur S-Bahn.

Links und rechts von den
Brückenköpfen hoch zu Roß vier
Hohenzollernherrscher: links-
rheinisch flußauf-/-abwärts:
Kaiser Wilhelm II./Kaiser
Friedrich III. (1910), rechts-
rheinisch flußauf-/-abwärts:
Kaiser Wilhelm I. (Prinzregent)/
König Friedrich Wilhelm IV.
(1871 bzw. 1863).

Fähre Hohenzollernbrücke – Deutzer Messe

Fährbetrieb Hans Linden
✆ 38 47 38, 12 16 66
Tägl. 7.30–19.30 Uhr alle
5–10 Min. von Ostern – ca. Ende
Okt.; ebenfalls zu Messezeiten,
auch außerhalb der Saison.

KölnMesse

Mit 40 internationalen Messen

und Ausstellungen ist der Messeplatz Köln weltweiter Umschlagplatz für Waren, Dienstleistungen und Informationen. Nahezu die Hälfte der Messethemen befaßt sich mit Hightech- und Investitionsgüterbereichen. Über 28 000 ausstellende Unternehmen aus 100 Staaten und 2 Millionen Einkäufer und Fachbesucher aus über 150 Staaten sind dabei regelmäßig beteiligt.

Messeturm Restaurant

Kennedy-Ufer 21
(Messegelände)
Reservierung: ∅ 88 10 08
So–Fr 12–15, 19–22 Uhr;
Sa ab 19 Uhr; Café 15–18 Uhr
70 m hoch gelegenes Aussichtsrestaurant mit schönem Blick auf die Kölner Altstadt.

Rheinpark

Öffnungszeiten:
Sommer 7–24 Uhr;
Winter 8 Uhr – Dämmerung
Ehemaliges Bundesgartenschaugelände, für Liebhaber von Landschaftsarchitektur und 50er-Jahre-Bauten. Im Sommer ist der Tanzbrunnen mit Platz für rund 1 500 Besucher eine lokale Attraktion: wechselnde musikalische Open-air-Veranstaltungen mit in- und ausländischer Prominenz.

Hyatt Regency Köln

Kennedy-Ufer 2 a
∅ 8 28 12 34
In der Lounge im ersten Stock läßt sich das klassische Kölnpanorama genießen.

Landschaftsverband Rheinland

Landeshaus, 1957/58 entstanden (Architekten: Ernst von Rudloff, Eckhard Schulze-Fielitz), Aufgabenbereich: Straßenbau (auf Landesebene), Landeskliniken, Landesmuseen.

Alt St. Heribert

Ehemalige Benediktinerabtei, im Bereich des früheren römischen Kastells »castra divitium« 1002 von Erzbischof Heribert gegründet. Kirche aus dem 17. Jh., nach dem Zweiten Weltkrieg wiedererrichtet (keine Besichtigungsmöglichkeit). In den restaurierten Abteigebäuden ist heute ein Altersheim untergebracht.

Deutsche Lufthansa AG

Sitz der Hauptverwaltung, 19stöckiges Hochhaus (1967–70).

Deutzer Brücke

1947/48, 1976/80 verbreitert; etwas weiter nördlich befand sich im 4. Jh. die Römerbrücke als Verbindung zwischen der römischen Provinzhauptstadt und dem rechtsrheinischen Kastell.

Maritim Hotel

Heumarkt 20
∅ 2 02 70
Luxusherberge am Rhein, 1987–89, Architekten: Gottfried Böhm, Kraemer und Sieverts. Glasgalerie zwischen den Hoteltrakten; Café mit Rheinblick.

Heumarkt

Im Mittelalter prächtiger Marktplatz, heute nicht mehr. Das um

1730 errichtete Börsengebäude wurde im Krieg weitgehend zerstört. Zur Zeit wird das Heumarktdenkmal (Preußenkönig Friedrich Wilhelm III., umgeben von wichtigen Persönlichkeiten Preußens; 1878 von der Stadt als Reverenz an die damalige preußische Regierung aufgestellt) wieder rekonstruiert. Auch der »Platz« soll eine neue Zukunft bekommen: Was die Kölner Ringstraßen bereits teilweise hinter sich haben, die Rückführung zur angestammten Qualität, das steht dem Heumarkt noch gänzlich bevor.

Ostermannbrunnen

Ostermannplatz
1939 von Karnevalisten zur Erinnerung an den 1936 verstorbenen Verfasser vieler berühmter Kölner Heimat- und Karnevalslieder, Willi Ostermann, nach Abschluß der Altstadtsanierung ursprünglich auf dem Heumarkt errichtet. Die Brunnenfiguren stellen Charaktere aus seinen Liedern dar, z. B. »et Schmitze Billa« (sie hatte, wie es im Lied heißt, bekanntlich »in Poppelsdorf en Villa«), »de Tant«, »kölsche Mädcher« und »de Funkesoldat« (»Funken« heißen die ehemaligen Stadtsoldaten, die aber nur noch zu Karnevalsauftritten gebraucht werden.).

An Groß St. Martin

An der Nordseite der Kirche 1975–78 entstandener preisgekrönter Neubaukomplex mit Wohnungen und Geschäften von J. Schürmann; Bronzefigur des hl. Martin von Elmar Hillebrand.

Alter Markt

Marktplatz aus dem Mittelalter und Zentrum der heutigen Altstadt; sehenswert unter anderem das Renaissance-Doppelhaus »Zur Brezel – Zum Dorn« (Nr. 20/22), das im Erdgeschoß eine urige kölsche Kneipe beherbergt. Gegenüber, unter dem Zifferblatt der Rathausturmuhr, der »Platz-Jabbeck«, ein großer Kopf mit schwarzem Hut, der bei jedem Stundenschlag seinen Mund (»Jabbeck«) aufreißt (15. Jh.).

Auf dem Platz der **Jan-van-Werth-Brunnen** von 1884 zur Erinnerung an den Reitergeneral Jan van Werth (1593–1652) aus der Zeit des 30jährigen Kriegs, vom »Kölner Verschönerungsverein« gestiftet. Die auf zwei seitlichen Reliefs abgebildete »Geschichte von Jan und Griet« hat einen festen Platz im kölnischen Erzählgut und im Karneval und wird jedes Jahr vor dem Severinstor nachgespielt.

Der Knecht Jan vom Kölner Kümpchenshof zieht aus enttäuschter Liebe zu der Magd Griet – er ist ihr zu arm – in den Krieg und kommt als erfolgreicher General zurück. Griet, die immer noch auf dem Markt Äpfel verkauft, bereut nun sehr, ihm einen Korb gegeben zu haben, aber ihr Sinneswandel kommt zu spät. Das Wiedersehen soll sich in dem »klassischen« Satzwechsel abgespielt haben: »Jan, wer et hätt jewoss!«, »Jriet, wer et hätt jedonn!«.

Groß St. Martin

Martinspförtchen 8

Öffnungszeiten
Mo—Fr 11—17 Uhr,
Sa 10—12.30, 13.30—18 Uhr,
So + Feiertage 14—16 Uhr
Romanische Kirche, auf den
Fundamenten römischer Lager-
hallen im 10. Jh. erbaut, nach
dem Stadtbrand 1150 Wiederauf-
bau im 13. Jh. in der heutigen
Form. Einzige Kölner Kirche,
in der noch Wandmalereien aus
dem 19. Jh. erhalten sind.

Robert-Blum-Plakette
In der Mauthgasse 9, zu Füßen
von Groß St. Martin, stand das
Geburtshaus des Freiheits-
kämpfers Robert Blum (1807—48).

Das kleine Stapelhäuschen
Fischmarkt 1—3
✆ 2 57 78 63
Restaurant (auch Straßenlokal)
und Hotel
Mittelalterliches Haus, in dem
u. a. noch die Aufzugsvorrich-
tung zu sehen ist, mit der die
Waren in die oberen Stockwerke

des Lager- oder »Stapelhauses«
hochgezogen wurden.

Campi
Am Frankenturm/Ecke Bischofsgartenstr.
Tägl. 9—24 Uhr; im Sommer bis
1 Uhr nachts
Italienisches Café, Bar, Kleinigkeiten zu essen.

Heinzelmännchenbrunnen
1899 zur Erinnerung an den
Verfasser der Sage von den
Kölner Heinzelmännchen,
August Kopisch, errichtet.

Früh am Dom
Am Hof 12
Tägl. 8—24 Uhr
Eines der traditionsreichen Brau-
häuser von Köln, Kölsch vom Faß
und kölsche Spezialitäten.

Café Sagui
Am Hof/Hohe Str. 164—168
Tägl. 10—24 Uhr
Italienisches Eiscafé.

Köbes mit Kölschkranz bei »Päffgen« in der Friesenstraße

Zwischen Dom und Strom:
Der Kölner Kern

Eine Madonna zu Füßen der Kathedrale, aber auch eine zu den eigenen? Ja, das kann in Köln passieren. Denn Pflastermaler, in ihrer Motivwahl naturgemäß nicht pingelig, kopieren mitunter Stefan Lochners berühmtes Madonnenbild im Dom mit bunter Malkreide auf die Domplatte. Bei schönem Wetter auch im Cinemascope-Format.

Madonnen in Öl und in Kreide – für jeden etwas. Die Leute blicken zu Boden und recken die Hälse zu den Türmen: hier das flüchtige Heiligenbild zur Freude der Flaneure, dort der schwarze Dom zur Ehre Gottes. Köln hat Platz für beides. Und hier, vor dem Haupteingang zur Kathedrale, erst recht.

Obwohl erst seit drei Generationen in seiner derzeitigen Gestalt fertiggestellt, ist der **Kölner Dom** nicht nur das berühmteste Bauwerk der Stadt, sondern – das haben repräsentative Umfragen ergeben – überhaupt Deutschlands bekanntestes Architektur-denkmal. Deshalb war es nur folgerichtig, daß die Presse in ihrer Werbung für die Wahl zum ersten europäischen Parlament als

Ob Rembrandt oder Lochner: bei der Motivwahl haben die Pflastermaler rund um den Dom keine Berührungsängste

Stefan Lochner: Altar der Stadtpatrone, 1445 (Mittelteil). In geöffnetem Zustand ist der Altar 522 cm breit und 282 cm hoch. Erst 1809 wurde er in den Dom übertragen.

Folie für eine Montage der Wahrzeichen europäischer Hauptstädte millionenfach die vom Kölner Dom beherrschte Rheinfront abbildete. Andererseits aber gilt der als deutsches Wahrzeichen verstandene Dom, dessen seit dem späten Mittelalter unvollendet gebliebenen Torso das vergangene Jahrhundert in einem Rausch romantisch-nationaler Begeisterung vollendet hat, auch zu Recht als vollkommenste der gotischen Kathedralen, deren Form in Frankreich entwickelt worden ist.

Als Meister Gerhard, der erste Dombaumeister, um die Mitte des 13. Jahrhunderts mit der Realisierung seines großartigen Entwurfs begann, vermochten die an den romanischen Kirchen geschulten heimischen Bauhandwerker den völlig neuen technischen Anforderungen zunächst kaum zu genügen. Sechs Jahrhunderte später war die Situation umgekehrt: Damals bediente man sich modernster technischer Hilfsmittel wie etwa einer Dampfmaschine zum Hochziehen der Lasten, um die imposante Zweiturmfassade genau nach dem auf abenteuerliche Weise verlorengegangenen und später wiederaufgefundenen mittelalterlichen Pergamentplan zu errichten.

Wie perfekt diese heute in der Johanneskapelle des Doms aufbewahrte größte Architekturzeichnung des Mittelalters – die übrigens als erste die kühne Konstruktion durchbrochener Maßwerkhelme vorsah – auch in ihren Details ist, zeigte sich beim Aufsetzen der acht Meter hohen Kreuzblume (eine Nachbildung steht vor der Westfassade des Doms). Dazu der heutige Dombaumeister Arnold Wolff: »Nach dem mittelalterlichen Originalplan sollten die beiden Kreuzblumen auf den Türmen eine Gesamtausladung von etwa 5,03 Meter erhalten. Dombaumeister Richard

Voigtel erschien dies zu groß, so daß er zunächst auf 4,85 Meter reduzierte, wie mehrere Ausführungszeichnungen zeigen. Erst zuletzt wurde nochmals auf 4,58 Meter verkleinert, wohl hauptsächlich aus technischen Gründen. Die Nacharbeiten betrafen aber auch den Raum zwischen den Blättern. Diese waren zu dick geraten, was aber erst sichtbar wurde, als man sie nach dem Abrüsten von unten sah. Deshalb ließ Voigtel die einzelnen Blätter an Ort und Stelle dünner machen bzw. die Zwischenräume vergrößern, wodurch die Kreuzblumen die auf dem Pergamentplan erkennbare Leichtigkeit zurückerhielten.«

Jedenfalls entspricht die mit ihren drei Portalen – von denen nur das rechte, das sogenannte »Petersportal«, im Mittelalter vollendet wurde – in origineller Weise vor das fünfschiffige Gebäude gesetzte Hauptfassade weitestgehend der ursprünglichen Planung. Die Fassaden der Querhäuser mußten dagegen neu entworfen werden, da es für sie keine mittelalterlichen Pläne gab. Als die Bauarbeiten 1560 zum Erliegen kamen, war nur der Chor vollendet, der südliche Fassadenturm zwei Stockwerke hochgezogen und das übrige Kirchenschiff etwa in Höhe der Kapitellzone provisorisch überdacht. So gilt die von Ernst Friedrich Zwirner, dem wichtigsten Dombaumeister des 19. Jahrhunderts, gestaltete Südquerhausfassade – an deren nach dem Zweiten Weltkrieg von Ewald Mataré geschaffenen Türen übrigens auch dessen Schüler Joseph Beuys mitgearbeitet hat – als ein Meisterwerk der Neugotik.

Die zum Bahnhof hin gelegene, ebenfalls von Zwirner entworfene Fassade des Nordquerhauses wurde nach schweren Kriegsschäden wiederhergestellt und ist ein Werk unserer Zeit. Sie folgt in allen wesentlichen Zügen dem Vorbild, läßt aber in der Detailgestaltung der Phantasie der heute Schaffenden einigen Freiraum.

Wer seinen Blick über das in der Vielfalt seiner Fialen, Bögen und Maßwerkornamente zunächst etwas verwirrend, gleichzeitig aber imponierend erscheinende Strebewerk des Doms gleiten läßt, wird häufig auf schadhafte, bei näherem Hinsehen aber noch häufiger auf bereits ersetzte Teile stoßen. Das steinerne Strebewerk, das die gewaltige Last der Gewölbe und des Dachs abstützt und damit die für das Raumerlebnis der Gotik entscheidende Auflösung und Durchfensterung der Hochschiffwände ermöglicht, ist ständig von Verwitterung bedroht, die heute wegen des hohen Schadstoffgehalts der Luft ein bei aller Monumentalität letztlich doch so filigranes Bauwerk wie den Kölner Dom ernsthaft gefährdet.

Beim ersten Mal sollte man den Kölner Dom am besten durch den Haupteingang im Westen betreten. Das Innere schlägt jeden für Raumerlebnisse auch nur einigermaßen Empfänglichen unweigerlich in seinen Bann. Der Höhendrang dieser Architektur verbindet sich mit einem vom Rhythmus der fein gezeichneten Pfeiler unterstrichenen Tiefensog, dem sich das Auge kaum entziehen kann. Wenn man das Mittelschiff verläßt und durch die Seitenschiffe geht, wird dieser erste Eindruck durch eine Fülle reizvoller Durchblicke ergänzt, die von der Romantik nicht ganz zu Unrecht mit der Wirkung eines Waldes voller Bäume verglichen wurde.

Der Dom zu Köln: Blick aus dem Chor in das 1863 vollendete Langhaus

Frontseite des Dreikönigenschreins. Im unteren Bereich die Anbetung der Heiligen Drei Könige (l.) und die Taufe Christi (r.). In der Mitte thront Maria mit dem Kind. Über der abnehmbaren Trapezplatte im oberen Giebelfeld die Darstellung der Wiederkunft Christi zum Jüngsten Gericht.

Die reiche Ausstattung des Doms ist naturgemäß hauptsächlich auf den allein aus dem Mittelalter stammenden Chor konzentriert; hier allerdings in einer anderswo kaum anzutreffenden Qualität, Fülle und Vollständigkeit.

Im **Hochchor** bilden das phantasievoll geschnitzte Chorgestühl, die in ihrer Art einzigartigen Temperamalereien auf den Chorschranken, die überaus eleganten, baldachinbekrönten Figuren an den Chorpfeilern, die – allerdings im 19. Jahrhundert neu gestalteten – Engel in den Arkadenzwickeln und schließlich die jüngst restaurierten Glasmalereien der Obergadenfenster ein geschlossenes, inhaltlich vielschichtig aufeinander bezogenes Ensemble, in das auch die grandiose Hochaltar-Mensa mit ihren Relieffiguren aus weißem Marmor einbezogen ist.

Hinter dem Hochaltar steht der **Schrein der Heiligen Drei Könige**, nicht nur der größte goldene Reliquienschrein des Mittelalters, sondern eines der bedeutendsten Werke abendländischer Goldschmiedekunst überhaupt. Man betrachte nur einmal die prägnanten Charakterköpfe der Propheten an den unteren Langseiten des Schreins, ihre dramatischen Bewegungen, um sich ein Bild von den überragenden künstlerischen Fähigkeiten des Meisters Nikolaus von Verdun zu machen, von dem diese Figuren und wohl auch die Gesamtkonzeption des Schreins stammen, dessen Fertigstellung er aber nicht mehr erlebt hat.

1

Die im Schrein aufbewahrten Reliquien der Heiligen Drei Könige, die Erzbischof Rainald von Dassel als Kanzler Friedrich Barbarossas am 23. Juli 1164 aus dem eroberten Mailand nach Köln gebracht hat, waren nicht nur der Anlaß für die Anfertigung dieses Schreins, sondern in weiterer Folge auch zum Neubau des Doms: Durch den Besitz der Dreikönigsreliquien war Köln für das reliquiengläubige Mittelalter nach Jerusalem, Rom und Santiago de Compostela zu einem Wallfahrtsort ersten Rangs geworden.

Der Chorumgang und die daran gefügten Kapellen bergen neben einer Fülle weiterer Kunstschätze zahlreiche erzbischöfliche **Grabmäler** vom 10. bis zum 15. Jahrhundert, die förmlich eine Entwicklungsgeschichte mittelalterlicher Grabskulptur darstellen. Besonders originell ist das in Form einer zinnenbewehrten Stadtmauer gestaltete Grabmal Philipps von Heinsberg, das an den von diesem Erzbischof zunächst verweigerten und dann doch genehmigten Bau der großen Kölner Stadtmauer in staufischer Zeit erinnert.

Zwei Kostbarkeiten des Doms sollte sich auch der eilige Besucher nicht entgehen lassen: an der Nordseite des Chorumgangs das aus dem späten 10. Jahrhundert stammende **Gero-Kreuz**, die älteste aus dem Mittelalter erhalten gebliebene Großplastik, und auf der Südseite des Chorumgangs das Hauptwerk der Kölner Malerschule, den **Altar der Stadtpatrone**, als dessen Schöpfer uns dank einer Notiz Albrecht Dürers Stefan Lochner überliefert ist.

Den Dom verläßt man in Köln nie wirklich. Auf die eine oder andere Weise bleibt er dem äußeren oder inneren Auge stets gegenwärtig: als mittelalterliche Fassade – etwa durch die Fenster des Wallraf-Richartz-Museums –, als dominierendes Wahrzeichen, als Orientierungspunkt beim Gang durch die Stadt.

Der geht zunächst an der **Dombauhütte** vorbei, die man teilweise von oben einsehen kann. Hier arbeiten 35 Steinmetzen, zehn Glasrestauratoren und über 50 weitere Fachkräfte, Wissenschaftler, Architekten und Lehrlinge an der Erhaltung des Doms und seiner Kunstschätze. Da stehen sie, die verwitterten Steine und zerfressenen Fialen einer Kathedrale, die niemals fertig wurde und werden wird. Wenn die Umweltgifte weiterhin ihr Nagewerk fortsetzen, wird, so befürchtet Dombaumeister Arnold Wolff, dereinst kein ursprünglicher Stein mehr auf dem anderen sein. Im Klartext heißt das: peu à peu verwandelt sich der Kölner Dom zu seiner eigenen Kopie, quasi zur Exportreife für Disneyland.

Der Kölner Domchor von Osten. Baubeginn der Chorkapellen 1248,
Vollendung des Obergadens um 1300.

Beim Domchor, auf dem Weg zum Wallraf-Richartz-Museum/
Museum Ludwig, blickt man auf die neu verglaste Halle des
Hauptbahnhofs. Welche räumliche Dreieinigkeit von Bauwerken
für den Glauben an das Höhere: im Himmel, in der Technik, in der
Kunst! Gotischer Dom, technisches Bravourstück und moderner
Kunstpalast auf engstem Raum versammelt – selten hat eine
Großstadt so viel Gespür für architektonische Koinzidenz ent-
wickelt.

  Jüngster und dritter im baulichen Bunde ist der **Museumskomplex.** Erfreulicherweise sucht sich der riesenhafte Neubau bei
aller Ambitioniertheit mit der Architektur des Doms gar nicht erst

Tom Wesselmann,
Great American Nude
No. 98, 1967
(Museum Ludwig)

Wallraf-Richartz-Mu-
seum/Museum Ludwig:
Gesamtansicht von der
Rheinseite. Architekten:
BDA Peter Busmann
und Godfrid Haberer
(1986)

zu messen, sondern fügt sich geschickt in seine Umgebung und in
das Bild der prominenten Kölner Rheinfront ein. Der sensibel
gestaltete Heinrich-Böll-Platz zwischen den beiden Blöcken des
Museums, unter dem die mutig konstruierte Philharmonie ver-
borgen liegt, gehört zweifellos zu den schönsten Plätzen der in
dieser Hinsicht freilich sehr kümmerlich ausgestatteten Rhein-
metropole.

Das Innere des Doppelmuseums überrascht durch einen
bisweilen abrupten Wechsel zwischen großzügigsten Gesten wie
etwa der barock anmutenden Prachttreppe im üppig dimensio-
nierten Eingangsbereich – sie führt allerdings nur unter ein
Sheddach – und manchen schlecht oder gar nicht gelösten
Kleinigkeiten, hinter denen nicht selten Kleinlichkeiten zum
Vorschein kommen. Beides, die Großzügigkeit und die Kleinlich-
keit, kann man durchaus als Facetten lokaler Mentalität interpretie-
ren, die der Atmosphäre dieser Stadt ihr unverwechselbares – und
keineswegs immer unsympathisches – Gepräge verleihen.

Konzertsaal der Philharmonie. Architekten: BDA Peter Busmann und Godfrid Haberer mit dem Künstler Barna v. Sartory

Insofern ist dieser von Kölner Architekten errichtete Museumsbau genuin kölnisch.

Als eine Art kölnische Pinakothek ließen sich auch die beiden unter einem Dach vereinten Kunstsammlungen bezeichnen, das **Wallraf-Richartz-Museum** gemeinsam mit dem auf das 20. Jahrhundert ausgerichteten Museum Ludwig.

Aus der Fülle der hier in dichtester Hängung ausgestellten Gemälde – die dennoch nur einen relativ kleinen Teil der gesamten Bestände darstellen – einige wenige der genaueren Betrachtung zu empfehlen, gleicht der Suche nach der berühmten Stecknadel im Heuhaufen. Hilfreich ist jedenfalls der als Eintrittskarte verkaufte Lageplan der einzelnen Abteilungen.

Nahe liegt es, an zwei weitere **Werke Stefan Lochners**, dieses einzigen uns namentlich bekannten Meisters der Kölner Malerschule anzuknüpfen: an eine **Weltgerichtsdarstellung** und die berühmte »**Madonna im Rosenhag**«, in der sich tiefsinnige Symbolik, penibler Realismus und jene unverwechselbare kölnische Lieblichkeit zu einem Kunstwerk von Weltrang vereinen.

Kernstück des Museums und im übrigen auch räumlich im Mittelgeschoß am schönsten untergebracht, ist die umfangreiche Sammlung von Werken der **Kölner Malerschule**, unter denen sich auch die beiden Gemälde Stefan Lochners befinden. Die von der Kunstgeschichtsschreibung mit einiger Regelmäßigkeit wechselnden Meistern zugeschriebenen Flügelaltäre und Tafelbilder aus der Spätzeit des Mittelalters sind von durchaus unterschiedlicher Qualität. Aber sie alle sind mehr oder weniger durch jene eigenartige Mischung aus einer manchmal ins Derb-Drastische abgleitenden Erzählfreudigkeit und einer uns heute zu Unrecht als naiv anmutenden schwärmerischen Frömmigkeit gekennzeichnet, die uns an der Bilderwelt des Mittelalters einerseits fasziniert, sie andererseits aber auch für uns schwer verständlich macht.

Wer genau hinsieht, wird im Hintergrund mancher Heiligenlegenden, vor allem der in mehreren Zyklen ausführlich geschilderten Geschichte der Kölner Stadtpatronin Ursula, mehr oder weniger deutlich erkennbare Stadtansichten des maueruumgürteten »heiligen Kölns« mit seinen zahlreichen Kirchen und dem unvollendeten Dom finden.

Vorzüglich ist auch die Sammlung **niederländischer und flämischer Gemälde des 17. Jahrhunderts**, deren Spektrum vom programmatischen »**Selbstbildnis im Kreise der Mantuaner Freunde**« des jungen **Peter Paul Rubens** bis zum rätselhaften lächelnden **Selbstbildnis** des alten **Rembrandt**, von der mytho-

Treppenhaus im Wallraf-Richartz-Museum/Museum Ludwig.
Architekten: BDA Peter Busmann und Godfrid Haberer

logischen Szene des in Italien geschulten Maerten van Heemskerck
bis zum gleichwohl symbolisch befrachteten Marktstilleben eines
Pieter Aertsen, vom kostbar-eleganten Interieur des Pieter de
Hooch bis zu den vielfältigen Landschaftsdarstellungen eines Joos
de Momper, Paul Bril, Jan van Goyen oder Jacob van Ruisdael
reicht.

Obwohl diesem Reichtum niederländisch-flämischer Gemälde
gegenüber die Sammlung italienischer, französischer und
spanischer Werke weitaus kleiner ist, enthält auch sie einige
Kostbarkeiten. Zum Beispiel das zu Unrecht im allgemeinen kaum

beachtete Bild »**Kaiser Augustus und die Sibylle von Tibur**« des von Raffael beeinflußten Ferrareser Malers **Benvenuto Tisi da Garofalo**, geradezu das Musterbeispiel eines Renaissance-Gemäldes, dem der »**Ländliche Spaziergang**« des Venezianers **Giovanni Battista Piazzetta** als nicht minder qualitätvolles Beispiel aus der Barockzeit an die Seite gestellt werden kann. Und wer wäre nicht von **François Bouchers** bezauberndem »**Ruhenden Mädchen**« entzückt?

Gewichtig wiederum ist die Abteilung mit **Gemälden des 19. Jahrhunderts**, in der der deutsche Romantiker Caspar David Friedrich ebenso vertreten ist wie der französische Realist Gustave Courbet, der Belgier James Ensor oder der Norweger Edvard Munch. Während das Wallraf-Richartz-Museum mit dem »**Ehepaar Sisley**« des Impressionisten **Pierre-Auguste Renoir** und einer Version der »**Zugbrücke von Arles**« des **Vincent van Gogh** über jeweils nur ein – allerdings gebührend zelebriertes – Werk dieser berühmten Künstler verfügt, besitzt es nicht weniger als 32 Gemälde (und noch wesentlich mehr Graphiken) des in Köln geborenen Malers **Wilhelm Leibl**.

Ohne in die berüchtigte Baedeker-Stern-Manier verfallen zu wollen, sei abschließend noch auf ein herausragendes Bild hingewiesen, das zwar in keiner einschlägigen Museums-publikation fehlt, in einem engen und dunklen Raum aber bedauerlicherweise kaum zur Wirkung gelangen kann: **Albrecht Dürers** »**Pfeifer und Trommler**«, ein Flügel des sogenannten »Jabach-Altars« (weil er sich einst im Jabachschen Hof in Köln befand), dessen übrige Teile sich in Frankfurt/Main und München befinden.

Mit deutlich mehr Ausstellungsraum bedacht ist in den Stock-werken über und unter dem Wallraf-Richartz-Museum das **Museum Ludwig**, das seinen internationalen Ruhm vor allem der Sammlung nordamerikanischer Kunst der letzten Jahrzehnte verdankt, gleichzeitig aber auch eine vorzügliche Sammlung deutscher Expressionisten besitzt. Es gibt kaum einen namhaften Künstler des 20. Jahrhunderts, von dem hier nicht wenigstens ein Werk zu sehen ist. Deshalb fällt es schwer, Namen zu nennen.

Gleichwohl darf man behaupten, daß **August Mackes** »**Dame in grüner Jacke**«, **Paul Klees** »**Hauptweg und Nebenwege**«, **Salvador Dalís** »**Bahnhof von Perpignan**«, **Jasper Johns'** »**Welt-karte**« oder **Edward Kienholz'** »**Tragbares Kriegerdenkmal**« gewiß zu den besten Werken dieser Künstler zählen, während etwa Pablo Picasso oder Joseph Beuys mit weniger überzeugenden

Arbeiten repräsentiert sind. Max Beckmann und Ernst Wilhelm Nay dagegen sind im Museum Ludwig mit jeweils einer ganzen Reihe hervorragender Werke vertreten, ebenso **Max Ernst**, dessen Bild »**Die Jungfrau züchtigt das Jesuskind vor drei Zeugen**« zweifellos eines der geistreichsten hier ausgestellten Kunstwerke ist – weit amüsanter jedenfalls als die in diesem Museum auffällig bevorzugten Riesengemälde eines Penck oder Georg Baselitz, deren zeitüberdauernde Qualität sich erst wird erweisen müssen.

Frische Luft, besonders nach intensiven Kunstgenüssen, tut gut: am Rhein ist davon allemal genug zu haben. Vom **Heinrich-**

Bahnsteighalle des Kölner Hauptbahnhofs (1890–94)

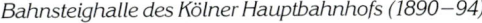

*Blick über den Rhein nach Nordwesten: Rheinfront mit Groß
St. Martin, dem Dom und dem Rathausturm (l.)*

Böll-Platz gelangt man zur **Hohenzollernbrücke**, eine der am
meisten frequentierten und deshalb stets vibrierenden Eisenbahn-
brücken Europas, die deshalb in jüngster Zeit unter Beibehaltung
ihrer charakteristischen Gestalt verbreitert wurde. Von hier aus hat
man einen vorzüglichen Blick auf die Museumsanlage mit der
ansprechenden »**Rheingarten-Skulptur**« von Eduardo Paolozzi
und vor allem auf das grandiose Chorstrebewerk des Doms, auf

das die Brücke nicht von ungefähr zuführt: Im Streit um die Lage der Kölner Eisenbahnbrücke entschied sich der romantisch gesinnte preußische König Friedrich Wilhelm IV. höchstpersönlich dafür, diese in »Richtung der Längsachse des Cölner Domes« über den Rhein zu führen. Dadurch war es möglich, den Haupt- bahnhof – verkehrstechnisch keineswegs besonders günstig – unmittelbar zu Füßen des Doms anzulegen und im spannungs-

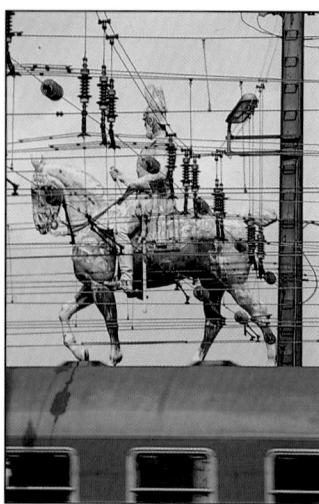

Auf Draht: Standbild Kaiser Friedrichs III. unter den Oberleitungen der Bundesbahn an der Auffahrt zur Hohenzollernbrücke

reichen Nebeneinander von Sakralem und Profanem, von Kunst und Technik eine für das 19. Jahrhundert charakteristische Vorstellung zu verwirklichen.

Der Spaziergang führt vom Heinrich-Böll-Platz weiter über den Fußgänger- und Radfahrerpfad der Hohenzollernbrücke ans andere Ufer.

Wer einen unverstellten Blick auf die Altstadt genießen will, der kann sich statt dessen eines Transportmittels echt kölnischer Provenienz bedienen: der Fähre am Fuß der Brücke.

Obwohl der schwankende Transfer nur wenige Minuten dauert, weht ein Hauch von Kurzstreckenromantik über dem Unternehmen. Kenner Kölns fühlen sich bei dieser Gelegenheit gern ans »Müllemer Bötchen« erinnert, an den imaginären, in einem populären Lied besungenen Rheinkahn, auf dem man stets – wie könnte das in Köln anders sein – bester Stimmung ist und karnevalistisch in Schwung zu kommen pflegt.

Das Boot legt bei den **Messehallen** an, während der Weg über die Brücke vor deren Haupteingang endet, von wo es jeweils ein paar Schritte rheinabwärts geht.

Als 1922 auf Initiative des damaligen Oberbürgermeisters Konrad Adenauer die Kölner Messegesellschaft gegründet wurde, konnte sie sich auf eine lange Tradition berufen, die bis auf ein Privileg aus dem Jahr 1360 zurückgeht. Der im Lauf der Jahre

Kölner Messe am Deutzer Rheinufer mit Messeturm (1926–28; Architekt: Adolf Abel)

ständig erweiterte Architekturkomplex besteht im Kern aus drei von Adolf Abel entworfenen, hufeisenförmig angeordneten Ausstellungshallen, deren scharf gezeichnete rhythmische Backsteinverkleidung ein bezeichnendes Beispiel für die expressionistische Formensprache der Architektur in den 20er Jahren ist.

Vom mehr als 80 Meter hohen **Messeturm**, der in wirkungsvollem Kontrast zur langen Reihe der relativ niedrigen Ausstellungshallen steht, malte Oskar Kokoschka 1956 seine farbensprühende »Ansicht der Stadt Köln«, die im Museum Ludwig zu sehen ist. Wenn schon nicht malerisch-ästhetisch, so kann die prächtige Aussicht hier oben durchaus kulinarisch, sprich appetitanregend wirken – zum Beispiel bei einem kleinen Imbiß zur Halbzeit unseres Stadtrundgangs.

Die »Schäl Sick«, »die abgelegene, abgewandte Seite« – wie die Kölner ihr rechtes Rheinufer scherzhaft nennen – eignet sich bestens zur Promenade und macht dadurch ihre städtebaulich gesehen eher stiefmütterliche Behandlung wett. Die distanziert, gleichwohl gutgelaunt wirkende Granit-Glas-Fassade des postmodernen **Hyatt Hotels**, die sachlich-strengen und doch zugleich sorgenvoll anmutenden 50er-Jahre-Formen des **Landschaftsverbands**, **St. Heribert** oder die martialischen Kürassierstatuen vor dem Verwaltungsbau der **Lufthansa** – sie alle können dies im Grunde optisch nicht dementieren.

Atrium des Maritim Hotel am Heumarkt (1987–89; Architekten: Gottfried Böhm, Kraemer und Sieverts)

Gleichwohl ist Deutz der Bildlieferant für Kölns »Schokoladen-seite«, denn es scheint, daß man Köln erst verlassen muß, damit es sich zusammenhängend zeigt.

Mit gutem Grund wird der repräsentative Blick über den Rhein schon in den ersten Stadtansichten bevorzugt, damals mit der großen Stadtmauer im Vordergrund, dahinter ein unübersehbares Häusergewirr, aus dem sich die Türme der vielen Kirchen erheben. Die meisten dieser Kirchen sind heute verschwunden, doch die Türme von St. Severin im Süden, der Rathausturm und vor allem der mächtige Turm von Groß St. Martin sowie natürlich die dominierende Erscheinung des Doms prägen noch heute Kölns Schauseite, die unzweifelhaft zu den beeindruckendsten Stadt-ansichten Europas gehört und deren Wirkung selbst durch Bau-Entgleisungen wie das Fernmeldehochhaus an der Nord-Süd-Fahrt oder das Archivhochhaus des WDR nur wenig beein-trächtigt werden kann.

Am Fluß entlang, mehr noch beim Rückweg über die **Deutzer Brücke**, inszeniert die eigene Fortbewegung eine regelrechte *Tour d'horizont:* die vertikale Hierarchie der Kirchen bleibt zwar bestehen, aber ein Turm schiebt sich vor den anderen, ver-schwindet hinter ihm und taucht wieder auf.

Am Ufer könnte man über die erste Wendeltreppe hinab, durch die Markmannsgasse und Auf dem Rothenberg gleich in die Altstadt schlüpfen – wenn das **Maritim Hotel** nicht wäre, das einen kleinen Schlenker durchaus lohnt. (Unter der Brücke hindurch und um das Gebäude herum zu dessen Haupteingang am Heumarkt.)

Der repräsentative Bau ist einer der jüngsten in der Kette von Hotelneubauten, mit denen Köln seiner wachsenden Attraktivität nicht nur Rechnung tragen möchte, sondern diese gleich sichtbar bekräftigt.

Das Herzstück dieser riesigen Bettenburg liegt zweifellos in der lichtdurchfluteten, durchaus an texanische Größenverhältnisse erinnernden Glaslobby, die in wohltuendem Kontrast zu dem sonst vielerorts üblichen kölnischen Kleinmut am Bau steht. Der Zweck dieses gläsernen Raumschiffs, das zwischen den beiden seitwärtigen Hotelblöcken gewissermaßen hindurchgleitet, liegt so klar zu Tage wie sein spiegelnder Granitfußboden: Hotelgäste und Kongreßteilnehmer sollen den wohltemperierten Kunstkosmos möglichst gar nicht erst verlassen, denn schließlich können sie hier nicht nur übernachten, sondern sich treffen, essen, trinken, lustwandeln und einkaufen. Der reale Platz vor der Tür? Nein, danke! Verständlich – zumindest an dieser Stelle, denn ausgerechnet der Heumarkt ist ohne Zweifel einer der verkorkstesten Plätze Kölns. Noch, denn man könnte auch spekulieren, daß das Maritim der erste Bauabschnitt zur allmählichen Rückeroberung des einst so hochgelobten Heumarkts sei.

Zunächst genügt sein kurzes optisches Gastspiel, bevor der Rundgang durch die **Altstadt** beginnt, wo es mit Panoramablicken und weitschweifenden Perspektiven erst einmal vorbei ist. Statt dessen wird der Blick in enge Räume eingebunden – durch Plätzchen, Höfe und winkelige Gassen.

Den Einstieg, wie gesagt, bildet die kopfsteinbepflasterte Gasse Auf dem Rothenberg (an der Markmannsgasse), wo am Hauseck eine bronzene Figur auf die Spielstätte des Kölner Puppentheaters hinweist. Der erstbeste Häuserdurchgang führt denn auch nach wenigen Metern links auf ein kleines Plätzchen, den **Eisenmarkt**, den ersten in einer reizvollen Trilogie beschaulicher Innenhöfe, umstellt von schmalbrüstigen Häuserfronten, verbunden durch schmale Durchbrüche oft namenloser Gäßchen und Torbögen. Es folgt – nach Überquerung der Salzgasse – der **Ostermannplatz** mit dem gleichnamigen Brunnen zu Ehren des beliebten Kölner Liederkomponisten und schließlich der Innenhof **An Groß St. Martin** mit den in Bronze gegossenen Maskottchen des Kölner Humors: Tünnes und Schäl, 1974 von Wolfgang Reuter geschaffen.

Es war gewiß ein glücklicher Umstand für die lokale Architekturszene, daß der für die Wiederherstellung von Groß St. Martin

Kölner Straßenkarneval: Weiberfastnachtsjeck

Idyll im Rheingarten: der Fischmarkt an Groß St. Martin

verantwortliche Architekt, Joachim Schürmann, auch die Neubauten rund um die Kirche gestalten durfte. Teilweise dem alten
Klostergrundriß folgend, schuf er 1975–78 eine durchaus zeit-
gemäße Architektur, die dennoch die Maßstäblichkeit des alten
Martinsviertels wahrt.

Am Ende des Brigittengäßchens öffnet sich am gotischen
Martinspförtchen (von 1215, aber später erst hierhin transloziert)
der Blick auf den **Alter Markt**: den Rathausturm gegenüber und
den alten Jan-van-Werth-Brunnen. Jedes Jahr, am Donnerstag
vor Karneval, ab 11.11 Uhr ist hier der Teufel los: dann, an Weiberfastnacht, übernehmen die Kölnerinnen das Regiment der Lust-
barkeiten. Während der »tollen Tage« sind der Platz und die Stadt
in ihrem Element.

Der markante Turm von **Groß St. Martin** hat den Dom bis zu dessen später Vollendung überragt und setzt auch heute noch einen wesentlichen Akzent im Kölner Rheinpanorama. Durch schlanke, von Faltdächern bekrönte Ecktürmchen erhält dieser mächtige Vierungsturm über einer für Köln charakteristischen Dreikonchenanlage sein unverwechselbares Gepräge. Die Gliederung des Baukörpers ist am Langhaus relativ karg, an den zum Rhein gerichteten Teilen des Kleeblattchors aber überaus reichhaltig. Man war auf die städtebauliche Wirkung bedacht – die Kunsthistoriker haben dafür den Ausdruck »Chorfassade« geprägt.

Das Innere der nach schwersten Kriegszerstörungen erst vor wenigen Jahren wiederhergestellten ehemaligen Benediktiner-abteikirche überrascht durch eine erstaunliche Helligkeit, die – hauptsächlich durch das Fehlen einer ursprünglich farbigen Verglasung verursacht – gelegentlich mit der »Ästhetik einer leergeräumten Baustelle« verglichen wurde, die aber gleichwohl den Vorteil bietet, die souveräne Eleganz der Architektur, vor allem die des Chorinnern, uneingeschränkt betrachten zu können. Das unretuschierte Belassen zufällig erhalten gebliebener Reste der Ausmalung des 19. Jahrhunderts zeugt in Verbindung mit der vornehm-zurückhaltenden Gestaltung neuer Beleuchtungskörper und einer neuen Bestuhlung von einem sehr sensiblen, vielleicht sogar etwas zu ängstlichen Denkmalverständnis, das in dia-metralem Gegensatz zur selbstbewußten Dekorationsfreudigkeit steht, wie sie etwa in St. Gereon praktiziert wurde.

Was selbst viele Kölner nicht wissen: Groß St. Martin ist die Pfarrkirche der portugiesischen Gemeinde der Stadt.

Gleich beim Chor führt ein Treppchen hinab zum Rhein und rechter Hand erst einmal auf den **Fischmarkt**, den Platz vor dem »Stapelhäuschen« und damit in ein Köln, wie es im Bilderbuch stehen könnte oder einer Bühnendekoration gut anstünde: Die mächtige Chorpartie von Groß St. Martin überragt hier die gefällige Idylle einer restaurierten Fachwerk- und Giebelkultur. Kein Wunder, daß hier das Kölsch besonders gut schmeckt, vor allem im Sommer, wenn sich die autofreien Gassen der Altstadt in einen summenden Bier- und Weingarten verwandeln.

Das heute gemütlich erscheinende und an Spitzweg erinnernde Bild der romantischen Stadt hat nicht immer bestanden. Lange Zeit lag die Kölner Altstadt im argen, geriet in Verruf, so daß ihr in den 30er Jahren eine Sanierung ins Haus stand. Dazu Johannes Ralf Beines vom Amt des Stadtkonservators: »Dieses Viertel . . . war seit dem Ende des 19. Jahrhunderts arg heruntergekommen.

Groß St. Martin von Nordwesten

Nach dem Fall der Stadtmauer (1881) hatten es viele dort traditionell ansässigen Familien vorgezogen, ihren Wohnsitz an die Ringe oder allgemein in die Neustadt zu verlegen. Auch viele Gewerbebetriebe, denen es im Viertel zu eng geworden war, zogen fort. Statt dessen konzentrierten sich mehr und mehr zweifelhafte gastronomische Betriebe im Martinsviertel. Die historische Bausubstanz . . . verfiel nun zusehends.« Aus dem damaligen Sanierungsbericht von 1938 geht die nationalsozialistische Begründung deutlich hervor: »Ziel war nämlich neben der Rettung der historischen Bausubstanz der Einzug ›besserer‹ Bevölkerungskreise in dieses Viertel.«

Der Weg direkt zum Rhein ist nun frei, dank des Ufertunnels, der den grünen Rheingarten ermöglichte – ein städtebaulicher Segen, wie er über Köln nicht gerade häufig herniedergeht. Köln am Rhein – hier stimmt es einfach: für den Flaneur, der Uferpromenaden zu schätzen weiß, für den Hungrigen, der den Rheingarten im Sommer als Picknickwiese nutzt, für den Radler oder für den Anspruchslosen, der einfach in der Sonne sitzen will. Mutter Colonia und Vater Rhein sind in dieser städtischen Oase eine selten glückliche Ehe eingegangen.

Und hier schließt sich auch allmählich der Kreis des Rundgangs. Kurz vor dem quirligen Paolozzi-Brunnen führt die Bischofsgarten-straße am Museum vorbei in Richtung auf den Dom. Und in einer Linie mit ihr tut dies auch die sogenannte **Hafenstraße**, jene Rekonstruktion einer Römerstraße mit echten Quadersteinen, bucklig, holprig und überhaupt nichts für hohe Absätze – ein thematischer Vorbote übrigens des morgigen Tagesprogramms. Spätestens hier werden manche spüren, daß gewisse Lektionen der 2 000jährigen Stadtgeschichte Kölns, die bisher den Kopf beschäftigt haben, in die Beine gerutscht sind.

Was liegt daher näher als eine erholsame Rast in Reichweite? Und daß selbst dann erfrischende Gegenwart und bedeutsame Vergangenheit kölnisch eng beieinander liegen, das merkt man am **Heinzelmännchenbrunnen** allenthalben, wo beiläufig, am Rande von Kölsch oder Cappuccino, die grünspangrünen Steine des Brunnens eine weitere Kölner Legende erzählen. Die kleinen Männlein purzeln die Treppen hinunter auf der Flucht vor der Neugier von des Schneiders Weib. Schade. Seitdem müssen die Kölner arbeiten.

Fronleichnamsprozession vor dem Kölner Dom

2. Tag – Programm: Römisch-Germanisches Museum – Praetorium – Rathaus – Gürzenich – St. Maria im Kapitol – Schildergasse – Olivandenhof – Neumarkt – St. Aposteln – Mittelstraße – Pfeilstraße – Friesenviertel – St. Gereon – Römerturm – Stadtmuseum – St. Andreas

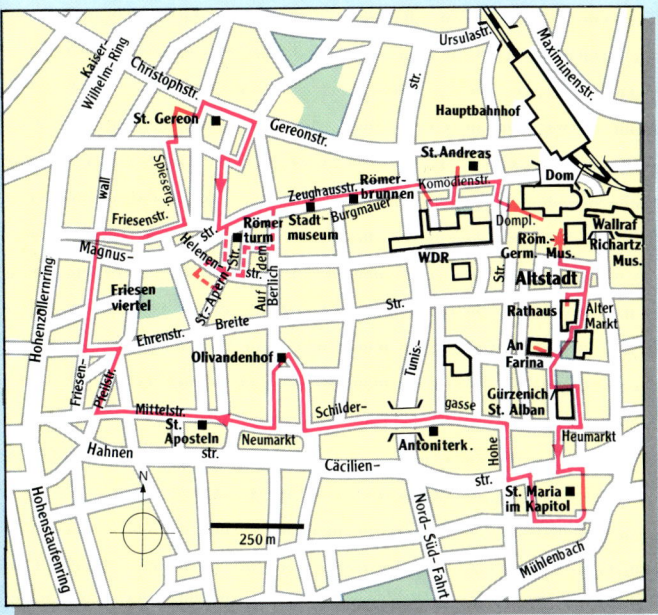

Vormittag	Rundgang durch das Römisch-Germanische Museum – Praetorium – Rathaus – An Farina – Gürzenich/St. Alban – St. Maria im Kapitol – Hohe Straße – Schildergasse – Antoniterkirche – Olivandenhof – Neumarkt Passage – St. Aposteln
Mittag	Imbiß im Olivandenhof, in der Neumarkt Passage, im Bazaar de Cologne oder (ein wenig später) in der Friesenstraße
Nachmittag	Mittelstraße – Pfeilstraße – Ehrenstraße – Friesenwall – Friesenstraße – St. Gereon – Römerturm – St.-Apern-Straße/Kreishausgalerie – Römermauer – Stadtmuseum – Römerbrunnen – St. Andreas – Domvorplatz

Alternativen: vgl. 1. Tag

Römisch-Germanisches Museum

Roncalliplatz 4 (Dom/Südseite)
Di–So 10–17 Uhr; Mo geschl.
jeden 1. Do im Monat 10–20 Uhr,
Öffentliche Führungen:
So 11.30 Uhr
Römische Kunst- und Kultur-
geschichte, Frühgeschichte.

*Konchylienbecher aus dem
4. Jahrhundert n.Chr.*

Praetorium

Eingang Kleine Budengasse
Tägl. 10–17 Uhr, Mo geschl.
»Mit dem Fahrstuhl in die Römerzeit«, zu Fundamenten des römischen Statthalterpalastes aus
dem 1.–4. Jh. unter dem Rathaus.

Rathaus

Führungen: Mo, Mi, Sa 15 Uhr
Die Laube ist Kölns wichtigstes
Renaissance-Bauwerk (1569–73),
spätgotischer Rathausturm,
gotischer Hansasaal.

Mikwe

Obenmarspforten/Unter Gold-
schmied (neben dem historischen Rathaus)
Mo–Do 8–17 Uhr, Fr 8–12.30 Uhr,
Sa 8–12 Uhr, So 11–13 Uhr, Schlüs-
sel beim Rathaus-Pförtner.

Kultbad der ältesten jüdischen
Gemeinde in Deutschland.

An Farina

Moderne Wohn- und Geschäfts-
anlage; ehemals Standort des
Stammhauses von »Farina
Gegenüber«, der ältesten
Kölnisch-Wasser-Fabrik. Aus
der Firmenchronik: 1709 von
Giovanni Maria Farina gegrün-
det, beginnt 1714 die Produktion
mit der Herstellung von
»Wunderwasser«; 1742 heißt es
zum ersten Mal »Eau de
Cologne« und wird erst 20 Jahre
später als »Coellnisch Wasser«
eingedeutscht. 1814 bestellt die
Frau Geheimrätin von Goethe in
Weimar 16 Flaschen auf einmal.

Gülichplatz

Benannt nach Nikolaus Gülich
(1644–86), enthauptet, nachdem
er den Rat der Stadt gestürzt und
selbst versucht hatte zu regieren.
Sein Haus an dieser Stelle wurde
abgerissen mit dem Verbot, es je
wieder aufzubauen und zur
Warnung eine Schandsäule mit
seinem Kopf aufgestellt (1794
von den Franzosen entfernt), seit
1913 Fastnachtsbrunnen von
Georg Grasegger.

Gürzenich

Martinstr./Quatermarkt
Traditioneller Ort für große Fest-
veranstaltungen, Sitzungen und,
seit Bestehen der Philharmonie,
noch vereinzelt Konzerte.

St. Maria im Kapitol

Marienplatz 19
Tägl. 9.30–18 Uhr

2. Tag – Informationen

Einer der bedeutendsten Sakral-
bauten des Abendlands,
ältestes Kölner Gabelkruzifix,
Anfang 14. Jh.; außerhalb der
Kirche unterhalb der Apsis der
Lichhof, ehemaliger Friedhof
(»Leichenhof«) und das Dreikönigenpförtchen, durch das
der Sage nach um 1164 die heute
im Dom ruhenden Gebeine der
Heiligen Drei Könige in die Stadt
getragen wurden.

Antoniterkirche

Schildergasse 57
Mo, Mi, Do 8–9 Uhr,
Di, Fr 17.30–19 Uhr,
Sa 16–18 Uhr, So 9–12 Uhr
Gotische Kirche aus dem 14. Jh.,
1384 geweiht, Ordenskirche der
Antoniter, die sich vornehmlich
der Krankenpflege widmeten.
1802 nach der Säkularisation
erstes protestantisches Gotteshaus der Stadt. Im Innern der
»Todesengel« von Barlach, 1938,
mit den Gesichtszügen der Käthe
Kollwitz (Zweitguß, der Erstguß
für den Dom von Güstrow wurde
im Zweiten Weltkrieg zerstört).

Käthe Kollwitz Museum Köln
Träger: Kreissparkasse Köln

Neumarkt 18–24
Di–So 10–17 Uhr, Do 10–20 Uhr,
Mo geschl.
Handzeichnungen, Skulpturen,
Druckgraphik.

St. Aposteln

Neumarkt 30
Mo, Mi, Do, Fr, Sa 10–13,
14–18 Uhr; So 9–12.30, 14–18 Uhr,
Di geschl.
Eine der jüngeren romanischen
Kirchen von Köln, höchster
romanischer Kirchturm von Köln
(in der kölschen Mundart:
»Apostelsklotz«) mit knapp
67 m Höhe.

Faßbender

Mittelstr. 12–14 (Eingang zum
Bazaar de Cologne)
Leckere Kleinigkeiten und Blick
aufs Apostelnkloster.

Brauerei Päffgen

Friesenstr. 64
Tägl. 10–24 Uhr
Eine der altehrwürdigen
Kathedralen des Kölsch vom
Faß.

China Palast

Friesenplatz 11
Tägl. 12–15, 18–24 Uhr,
Fr, Sa, So durchgehend
Pikante bis ganz scharfe Küche.

Puppenklinik Rust

Friesenstr. 17
Ambulante und stationäre
Reparatur von Puppen; beacht-
liches Ersatzteillager.

St. Gereon

Gereonsdriesch 2–4
Tägl. 9–12, 15–18 Uhr
Spätromanische Taufkapelle,
dreischiffige Hallenkrypta mit
Fußbodenmosaik, 11. Jh.

Mariensäule

Neugotisches Denkmal von
Vincenz Statz, 1858 geweiht,
1901 vom Erzbischöfl. Palais auf
den Gereonsdriesch versetzt.

Römerturm

Ecke Zeughaus-/St.-Apern-Str.
50 n. Chr., Teil der römischen

Kölnisches Stadtmuseum im Zeughaus, 1594–1606

Stadtmauer, Zinnen um die Jahrhundertwende beim Bau des neugotischen Nachbarhauses hinzugefügt.

Kölnisches Stadtmuseum

Zeughausstr. 1–3
Di–So 10–17 Uhr, 1. Do im Monat bis 20 Uhr
Führungen: Sa 15 Uhr, So 11 Uhr, 1. Do im Monat 18 Uhr
Ehemaliges Zeughaus (1594–1606) und Alte Wache (1840/41), preußisches Wachhaus im klassizistischen Stil mit Stadtgeschichte vom 10. Jh. bis zur Gegenwart, Zeugnisse des Bürgerlebens und der Wirtschaft, Stadtarchiv.

Römerbrunnen

Entworfen von K. Band, 1914/15.

Besteckmuseum Bodo Glaub

Burgmauer 68
Di–Fr 15–18 Uhr, Sa 11–14 Uhr
Seit 1951, Sammlung von Eßwerkzeugen aller Epochen aus Europa und Übersee.

Römermauer

1. Jh. n. Chr., Mauerreste sind u. a. entlang der Zeughausstr. und auch in der Südwand des Zeughauses selbst zu sehen.

St. Andreas

Komödienstr. 4 (Nähe Dom)
Tägl. 6.30–20 Uhr, So bis 19 Uhr, Krypta tägl., außer Sa, 9.30–12 Uhr

Alter Wartesaal

Hauptbahnhof
Obwohl zentral gelegen, fast ein Geheimtip für eine stilvolle *happy hour* mit exzellenten Drinks am späten Nachmittag und frühen Abend (auch Restaurant). Nicht zu verwechseln mit gleichnamiger Disco.

Von der Römerzeit zur Postmoderne:
Die Kölner Innenstadt

Der stets windgebeutelte Domvorplatz ist auch heute wieder der Treff- und Ausgangspunkt. Wenn es hier so richtig pustet und zieht, wenn die Bindfäden des Regens endgültig die Horizontale erreicht haben, dann lernt man Kölns Kirchen, Museen und unterirdische Römerlabyrinthe erst recht schätzen, denn sie sind allemal wetterfeste Innenräume.

Bei freundlichem Himmel jedoch sollte man sich vielleicht einen Augenblick Zeit für ein gelungenes Detail am Boden nehmen. Da plätschert nämlich (seit 1953) der unscheinbare **Taubenbrunnen** von Ewald Mataré, ein selten gewürdigtes *understatement* – ein plastisches *hors d'œuvre* sozusagen im Hinblick auf die kultur-geschichtlichen Hauptgerichte, die heute folgen. Als erste die-jenigen im **Römisch-Germanischen Museum**.

Das Institut, nach seiner Eröffnung 1974 jahrelang eines der meistbesuchten Museen der Bundesrepublik, verdankt seinen bevorzugten Platz an der Südseite des Doms dem während des Zweiten Weltkriegs zufällig zum Vorschein gekommenen **Dionysosmosaik**. Es bildet heute als eines der bedeutendsten provinzialrömischen Kunstwerke an seinem ursprünglichen Standort das Kernstück des Museums, das hier nicht nur aus nächster Nähe, sondern durch große Scheiben auch jederzeit von außen betrachtet werden kann.

Dieses 75 Quadratmeter große farbenprächtige Mosaik, dessen Bildmotive im Zusammenhang mit dem Dionysoskult stehen und mehrschichtig gedeutet werden können, hat einst wohl den Speise- oder Festsaal einer luxuriösen Stadtvilla des dritten nachchristlichen Jahrhunderts geschmückt.

Im übrigen birgt die phantasielos-schlichte Container-Architek-tur des Museums, von einigen Ausnahmen abgesehen, nur noch wenige hochrangige Kunstwerke, dafür aber eine überaus reiche Fülle von Alltagsgegenständen aller Art, deren effektvolle, gezielt an der Inszenierung massierter Kaufhaus-Angebote orientierte

Grabmal des Poblicius, 1. Jh. n. Chr. (Römisch-Germanisches Museum)

Präsentation bewußt jedes weihevolle Zelebrieren vermeidet und statt dessen etwas von der Wirklichkeit des römischen Lebens zu vermitteln versucht.

Anhand von Themen wie »Agrippa vermißt das Land der Ubier«, »Das Militär bringt Glas und Keramik«, »Menschen und Verwaltung in der Stadt«, »Güterumschlag im Rheinhafen« oder »Alltags-Vergnügen«, denen jeweils ein als »Insel« bezeichnetes Stein-podest oder eine Vitrine gewidmet sind, wird der Alltag in der römischen Provinzstadt Köln anschaulich gemacht. Natürlich sind Kunst und Politik ebenso berücksichtigt wie Religion und Medizin.

Wer sich genügend Zeit nimmt, wird manches Reizvolle finden, wie etwa das einem Grab beigegebene Paar gläserner Schuhe oder je eine dem Mann, der Frau und dem Kind gewidmete Vitrine, die unter anderem durch Bartscheren, Spiegel und Wachstäfelchen mit Bronzegriffeln charakterisiert sind.

Auf keinen Fall sollte man achtlos an der **Glassammlung** von internationalem Rang vorübergehen, die solche Raritäten wie eines der wenigen erhalten gebliebenen Diatretgläser oder die mit sicherer Hand gravierte Zirkusschale enthält. Und ebensowenig sollte man sich die berühmte **Schmucksammlung** des Museums entgehen lassen, deren frühmittelalterlicher Teil vor allem geradezu eine Schatzkammer der Völkerwanderungszeit darstellt und Weltgeltung besitzt.

Nach dem Besuch im Museum, das für viele Experten den Prototyp des archäologischen Museums schlechthin verkörpert, wird das römische Thema kurz unterbrochen, bis es am Ende des Wegs – vorbei an der Köselschen Buchhandlung im Hause des Diözesan-Museums und am historischen Brauhaus Sion – in Gestalt des römischen **Praetoriums** unterhalb des heutigen Rathauses variiert wird.

Hier, wo sich Geschichte förmlich schichtenweise ablesen läßt, wird Kölns Stolz auf seine große und lange Vergangenheit unmittelbar einsichtig. Das Praetorium war zunächst Amtssitz der Oberbefehlshaber des niedergermanischen Heeres, dann Dienst- und Verwaltungsgebäude der Provinzstatthalter von Nieder-germanien und seit dem 3. nachchristlichen Jahrhundert sogar zeitweise Residenz römischer Soldatenkaiser. Nach dem Abzug der Römer residierten hier merowingische Teilkönige.

Auch wenn sich der archäologisch weniger versierte Besucher angesichts der freigelegten Fundamente kaum ein wirkliches Bild von der einstigen Gestalt des weitläufigen, vielfach umgebauten und immer wieder veränderten Gebäudekomplexes machen kann, so wird er doch von der Monumentalität dieses Bauwerks mit dem hochaufragenden Oktogon in der Mitte beeindruckt sein, dessen imperiale Pracht auch noch aus den Ruinen zu uns spricht. Ein übersichtliches Modell des letzten Bauzustands entspricht zwar nicht mehr ganz dem jüngsten Forschungsstand, vermag aber doch das etwas überforderte Vorstellungsvermögen des Betrachters wirkungsvoll zu unterstützen.

Kaum weniger verschachtelt als sein antiker Vorgänger ist auch das Kölner **Rathaus**, das aus mehreren, im Lauf der Jahrhunderte gewachsenen Gebäuden besteht und ebenfalls auf eine beachtlich lange Geschichte zurückblicken kann, wird es doch schon im frühen 12. Jahrhundert erstmals erwähnt.

Beherrscht wird es von dem den flämischen Belfrieden (Glockentürmen) vergleichbaren Turm, der nach dem Sturz des patrizischen Stadtregiments 1396 von den Zünften als Zeichen städtischer Freiheit errichtet wurde.

Der 61 Meter hohe **Rathausturm**, nach schwersten Kriegs-zerstörungen heute weitgehend eine Rekonstruktion, prägt neben Dom und Groß St. Martin nach wie vor wesentlich das Bild des Rheinpanoramas. Derzeit ist man damit beschäftigt, die zahl-reichen für Figuren vorgesehenen Konsolen mit Standbildern bedeutender Persönlichkeiten aus der Geschichte Kölns zu besetzen. Dabei sieht man sich vor das schwierige Problem gestellt, die im mittelalterlichen Figurenprogramm – das allerdings nicht überliefert ist – wohl versäumte »Quotenregelung« geschichtsträchtiger Kölner Frauengestalten nachzuholen und auch noch plausibel erscheinen zu lassen.

Erhält also der spätgotische Turm auf diese Weise ein zwar nicht besonders augenscheinliches, aber mit um so mehr allgemeiner Aufmerksamkeit bedachtes feministisches Gepräge, so entpuppt sich die **Renaissancelaube** des Rathauses, von deren Balkon die Ratsbeschlüsse verkündet wurden, bei näherem Hinsehen als eindeutig maskulin geprägt: Das Relief der zentralen Brüstungs-platte zeigt den heldenhaften Löwenkampf des sagenhaften Bürgermeisters Grin, der als Gleichnis für den Kampf um die städtische Freiheit verstanden wurde.

Im Innern des Rathauses, dessen Gestaltung zu großen Teilen der Nachkriegszeit entstammt, sind der reizvolle, von zwei-geschossigen Arkaden umgebene **Löwenhof** sowie der mit prachtvollem Maßwerk und spätgotischen Holzfiguren der »Neun Guten Helden« (sowie acht ursprünglich in der sogenannten »Prophetenkammer« aufgestellte Prophetenfiguren) geschmückte **Hansasaal** wert, besucht zu werden.

Die Freifläche vor dem Rathaus erweist sich als Fundgrube für Versatzstücke der Stadtgeschichte – überirdisch und unterirdisch. Die Reste der Palast-Aula des Praetoriums, der römischen Statt-halterresidenz, liegen sichtbar zutage, ebenso die aus dem 12. Jahrhundert stammende und neugestaltete **Mikwe**, das für Besichtigungen zugängliche jüdische Ritualbad, das davon zeugt, daß sich hier einst das Zentrum des Judenviertels befunden hat. Und wer genau zu Boden blickt, kann, mit dem Rücken zum Rathaus und zum Gitter der römischen Ausgrabung, an den

Renaissancelaube des Rathauses, 1569–73, von Wilhelm Vernukken

verlegten dunkleren Steinen noch den Grundriß der alten Ratskapelle entdecken.

Gegenüber steht, in neuem Glanz und neuer Funktion, das
einstige Stammhaus der Duftwasserfirma **Farina** – ein vornehmer
Komplex aus Luxusappartements, Ladenlokalen und einem für
jeden zugänglichen Innenhof, flankiert von regensicheren
Arkaden-Geschäften, einem Café und einem originellen, von
Anneliese Langenbach geschaffenen Brunnen, der die »Frau im
Wandel der Zeiten« figural Revue passieren läßt. Wer planschend
in der Badewanne hoch über der Stadt den Ausblick auf den Dom
genießen möchte, muß in einem der Penthouse-Suiten von
»An Farina« Quartier beziehen.

»Gegenüber«, wie es seit eh und je zum Firmennamen gehört,
auf dem nach dem Freiheitskämpfer Nikolaus Gülich benannten
kleinen Platz am Haus Neuerburg, steht der aparte **Fastnachtsbrunnen**, dessen Bronzebecken neben tanzenden »hilligen
Knäächten und Mägden« jene vielzitierten Verse umziehen, die
Goethe als Antwort auf eine Einladung zur Karnevalsfeier sandte:

Löblich wird ein tolles Streben,
Wenn es kurz ist und mit Sinn,
Heiterkeit im Erdenleben
Sei dem flücht'gen Rausch Gewinn.

Der **Gürzenich**, außerhalb Kölns vielleicht wegen des gleichnamigen Orchesters oder allenfalls wegen der von hier aus via
Fernsehen übertragenen Karnevalssitzungen bekannt, hat seinen
Namen von der Patrizierfamilie derer von Gürzenich, deren
Grundstück dem 1437 darauf errichteten repräsentativen Tanz-
und Festhaus, das vergleichbare Bauten in anderen Städten
übertreffen sollte, seinen Namen gab.

Der wuchtige, von hohen schmalen Fenstern durchbrochene
Außenbau mit oktogonalen Ecktürmchen und einer von fein-
gliederigem Maßwerk überzogenen Zinnenbrüstung stellt den ins
Monumentale gesteigerten Typus des Kölner Bürgerhauses im
15. Jahrhundert dar. Sein im Obergeschoß gelegener Festsaal
wurde zu besonderen Anlässen mit Wandteppichen und anderem
Schmuck prächtigst ausgestattet; hier fanden Bürgermeister-
essen, festliche Versammlungen und Bankette statt. Hier wurden
auch Kaiser und Könige empfangen. Später zum Warenhaus
heruntergekommen, wurde der Festsaal im vergangenen Jahrhundert in neugotischen Formen umgestaltet und erweitert.

Nach den Zerstörungen des Zweiten Weltkriegs haben Karl
Band und Rudolf Schwarz den Gürzenich wiederaufgebaut, wobei
sie nur teilweise rekonstruierend vorgegangen sind, im übrigen
aber eine neue Architektur geschaffen haben, darunter Kölns wohl
eleganteste **Treppenanlage**, ein Musterbeispiel für die in jüngster
Zeit wieder zunehmend geschätzte Architektur der 50er Jahre.

Durch dieses Treppenhaus wird der Gürzenich mit der ehemaligen Kirche **St. Alban** verbunden, deren zur »Gedenkstätte der
Zerstörung und der Toten der Weltkriege« ausgestaltete Ruine in
bewußtem und wirkungsvollem Gegensatz zur Festlichkeit des
Gürzenich steht. Eine Kopie der knienden Figuren des »**Trauernden Elternpaares**« von Käthe Kollwitz verleiht diesem Mahnmal
eine stille Eindringlichkeit, der man sich nicht entziehen kann.
Dazu sollte man unbedingt die großzügigen Treppen hinauf- und
an der trennenden und zugleich vermittelnden Ziegelwand
entlanggehen.

Von der Ecke der Gürzenichstraße gelangt man durch den
Kleinen Sandkaul zur heftig befahrenen Augustiner- bzw. Pipinstraße, die jeden unsanft in den Kölner Alltag zurückholt: eine

Das neue Treppenhaus des Gürzenich von Rudolf Schwarz und Karl Band, 1952–55

Zäsur zwischen baulicher Vergangenheit und Gegenwart, zwischen den ästhetischen Fluchtpunkten des Gürzenich und jener Kirche, die viele für die eindrucksvollste romanische Kirche Kölns überhaupt halten: St. Maria im Kapitol. Keine Frage, die Wanderung durch Zeiten und Räume birgt ihre Schnittstellen und Verwerfungen, scharfe Ecken und Kanten, die das bauliche Konglomerat einer Großstadt nun einmal ausmachen.

Wir nähern uns dem mächtigen Bau über den beschaulichen **Lichhof**, werfen einen Blick auf die Skulptur der »Trauernden« (1946–49) von Gerhard Marcks, steigen durchs pittoreske **Dreikönigenpförtchen** hinab auf den Marienplatz und halten uns rechts bis zur Kasinostraße: fast eine Rundumbegehung also.

Gegenüber dem Eingang liest man an einem sozialen Wohnheim, dem täglich kurz vor Ladenschluß ziemlich desolat wirkende Jugendliche mit prallgefüllten Plastiktüten zustreben, daß das ehemalige Äbtissinnenheim des Stifts St. Maria im Kapitol auch schon romantischere Tage gesehen hat, genauer gesagt zwischen 1804 und 1806, als Friedrich von Schlegel hier wohnte.

Der in Köln auffallend häufige Bezug auf die römische Vergangenheit begegnet uns auch in **St. Maria im Kapitol**, deren unzweideutig auf das römische Kapitol anspielender Beiname »in Capitolio« zwar erst seit dem 12. Jahrhundert urkundlich überliefert ist, aber auf archäologisch nachgewiesenen Tatsachen beruht. Die im 11. Jahrhundert errichtete ehemalige Damenstiftskirche erhebt sich über den Fundamenten eines Tempels, der den kapitolinischen Gottheiten Jupiter, Juno und Minerva geweiht war, ja mehr noch: die Breite ihres Schiffs wird durch das Maß des römischen Tempels bestimmt.

St. Maria im Kapitol: Hölztür (Detail), Darbringung im Tempel und Taufe im Jordan, vor 1065

In mehrfacher Hinsicht ist die sehr anspruchsvolle Architektur, die zu Recht als »Schöpfungsbau der rheinischen Romanik« gilt, ein Musterbeispiel für die Übertragung von Bedeutungen durch das Aufgreifen bestimmter architektonischer Formen. Der Kleeblatt- oder Dreikonchengrundriß folgt auffallend genau dem Vorbild der Geburtskirche in Bethlehem und macht damit augenscheinlich, daß diese Kirche der Gottesmutter geweiht ist, in der übrigens der Kölner Erzbischof traditionsgemäß die erste Weihnachtsmesse – vor dem Dom – gefeiert hat.

St. Maria im Kapitol: Blick aus der Südkonche nach Norden

Auf der – wörtlich und bildlich – anderen Seite zitiert die Form der inneren **Langhauswand** im Westen sehr genau die Innengliederung der Aachener Pfalzkapelle und spielt damit nicht von ungefähr auf deren imperialen Charakter an, stammt doch die Bauherrin, Äbtissin Ida, aus dem kaiserlichen Geschlecht der Ottonen, deren Herrschaft damals schon abgelöst war und auf deren einstige Größe sich die späte Nachfahrin gerade deshalb berufen zu müssen glaubte: Architektur als Bedeutungsträger. Das jüngst wiederhergestellte Innere beeindruckt durch seine

Konsumparadies im Cinemascope-Format: Hohe Straße . . .

Weiträumigkeit, auch wenn der Blick in den Chor durch den in Mecheln angefertigten **Renaissance-Lettner** unterbrochen wird – dessen offensichtlich zu große Breite übrigens durch die bei der Auftragserteilung wohl nicht bedachte Differenz zwischen der kölnischen und jener in Mecheln verwendeten Maßeinheit zustandegekommen sein dürfte. Wenn uns heute die Holzdecke der 1950er Jahre über den wuchtigen Pfeilerarkaden des Langhauses ein wenig zu geschmäcklerisch erscheint, so sollte man doch bedenken, daß das im Krieg zerstörte gotische Gewölbe, dessen Dienste noch an der Wand zu sehen sind, dem ursprünglich flach gedeckten Zustand noch weit weniger entsprochen hat.

Mag man über das Langhaus geteilter Meinung sein – der riesenhafte **Dreikonchenchor** hinter dem Lettner, der übrigens über eine zuweilen für Konzerte genutzte hervorragende Akustik verfügt, gehört unzweifelhaft zu den eindrucksvollsten Raumschöpfungen der Romanik überhaupt. Nicht weniger beeindruckend ist die Krypta mit ihren mächtigen Würfelkapitellen, die nur von der des Speyerer Doms übertroffen wird.

Überdurchschnittlich ist auch die erhalten gebliebene Ausstattung, von der vor allem die heute im südlichen Seitenschiff aufgestellten **Holztüren** des ehemals an der Nordkonche gelegenen Eingangs eine einmalige Kostbarkeit darstellen. Die Kunstgeschichte kennt nichts Vergleichbares, das diesen um die Mitte des 11. Jahrhunderts entstandenen, einst farbig gefaßten

und Schildergasse (Rundumsicht einer 360-Grad-Kamera)

Holzreliefs, die in lebensprühender Ursprünglichkeit die Lebens-
geschichte Christi schildern, an die Seite zu stellen wäre.

Draußen vor der Kirche beginnt wieder ein abruptes Wechsel-
bad von Schauplatz und Thema, das für Köln symptomatisch ist.
Mehr noch als in anderen alten Großstädten Europas sind hier
– wegen der enormen Kriegszerstörungen – die geretteten baulichen Kostbarkeiten wie Inseln verstreut in einem Meer moderner,
meist monotoner Bebauung. Sie sind deshalb nicht mehr als
bauliche Ensemble oder gar in städtischen Zusammenhängen zu
erfahren. Kunsthistorisches Sightseeing vollzieht sich deshalb
selten kontinuierlich, sondern nur von Fall zu Fall zwischen
städtischen Durststrecken – kurz, als eine Art Froschhüpfen.

An dieser Stelle landet der Sprung jenseits der Pipinstraße bei
der klassizistischen Fassade des **Kaufhofs** (1912–14) und weiter
auf der **Hohen Straße** und **Schildergasse**, im Zentrum des Kölner
Konsums also. Immerhin schon 1965 profilierte sich das Straßen-
pärchen als erste Fußgängerzone der Republik; damals Modell für
autofreie Einkaufsstraßen, heute Normalfall – *business as usual.*

Auf halber Strecke der Schildergasse bietet die evangelische
Antoniterkirche 10-Minuten-Andachten, Besinnungspausen im
Konsumrausch. Besonders sehenswert ist in der kleinen gotischen
Kirche die Skulptur des an einer Kette hängenden »**Todesengels**«
von Ernst Barlach. An der Zeppelinstraße geht es rechts an den
Schaufenstern der »Bücherstube« vorbei zum vorläufigen Non-

plusultra kölnischer Wirtschaftsarchitektur, dem **Olivandenhof**. Seine Außengestaltung wirkt zunächst konservativ-gediegen: eine denkmalgeschützte Fassade von 1913 wurde saniert und vervollständigt – unter Verwendung der damals typischen Naturstein-Materialien, Tuff und Basaltlava. Im Innern freilich dominieren die Elemente moderner Edelstahl- und Glasarchitektur, wie sie sie inzwischen von Dallas bis Stuttgart, von Toronto bis Hamburg bekannt sind: 7 500 Quadratmeter Verkaufsfläche bieten auf vier Etagen einen originellen Branchen-Mix.

Überwölbt ist der lichte Innenhof von einer ovalen Glaskuppel, durchkreuzt von verglasten Rolltreppen und gläsernen Aufzügen – eine städtebauliche Bereicherung, die sogar von einer international besetzten Jury als »europäisches Einkaufszentrum des Jahres« prämiert wurde.

Olivandenhof? Nun, »Olvund« und »Olivand« sind mittelalterliche Namen für Elefant. Und »Zum Olfunden« hieß um 1268 ein Kloster an dieser Stelle. Später wurden daraus Kloster und Kirche »Santa Maria ad Olivas«, der hl. Maria zu den Oliven; am Anfang

Straßencafé vor der Antoniterkirche auf der Schildergasse

Olivandenhof (1987/88; Architekten: Hentrich, Petschnigg und Partner)

unseres Jahrhunderts dann ein Handelshaus mit dem heutigen Namen.

Querbeet durchs Einkaufsparadies geht es weiter über die Richmodstraße Richtung Neumarkt, vorbei an einem alteingesessenen kölnischen Kuriosum: Gummi-Grün – ein Spezialgeschäft, von Kopf bis Fuß auf Gummi eingestellt. Wer's nicht glaubt, sollte den Laden betreten, seinen Augen und vor allem seiner Nase trauen.

Auf der gegenüberliegenden Seite erinnert der Turm mit den Pferdeköpfen an eine alte Kölner Sage. Im 14. Jahrhundert starb während einer Pestepidemie die jungverheiratete Patrizierin Richmodis und wurde auf dem nahegelegenen Friedhof von St. Aposteln beerdigt. Grabräuber öffneten nachts den Sarg, und plötzlich erhob sich die vermeintlich Tote, ging schwankend zu ihrem Haus zurück und klopfte an die Tür. Der trauernde Ehemann

traute seinen Augen nicht und soll gerufen haben: »Eher laufen meine zwei Pferde die Treppe herauf, als daß meine Frau lebend vor der Tür steht!« Doch im selben Augenblick waren Pferdehufe auf der Treppe zu hören, und seine beiden Schimmel schauten oben aus dem Turm heraus. Und noch etwas Denkwürdiges hat das Richmodishaus zu bieten: Hier wurde der Komponist Max Bruch geboren (»Ach, der mit dem Violinkonzert ...«), neben Jacques Offenbach der bekannteste Komponist aus Köln.

Treppenturm an der Rückseite der Richmod's-Passage

Am Ende der Straße öffnet sich der **Neumarkt**, eine trotz ihrer zentralen Lage vom Kreisverkehr ziemlich isolierte Freifläche, an deren Gestaltungsmängel auch die blickbeherrschende Chorpartie von St. Aposteln wenig ändern kann.

Der im 11. Jahrhundert als *Novus mercatus* (Neuer Markt) erstmals urkundlich nachgewiesene Platz diente im Mittelalter als Viehmarkt, später als Ort für Schützenfeste, und 1794 errichteten die französischen Revolutionstruppen hier den Freiheitsbaum.

In einigen Hinsichten ist der Neumarkt seinen Traditionen allerdings treu geblieben. Schon seit einigen Jahren stellt er sich als der neue Markt der Bücher dar. Dort, wo früher Truppen aufmarschierten und heute – bei Publikumsveranstaltungen – Scharen von Leuten zusammenströmen, geben sich Nordrhein-Westfalens Großbuchhändler ein Stelldichein.

Rechts, in Richtung auf die Kirche, folgt nach wenigen Metern die **Neumarkt Passage** im Gebäudekomplex der Kreissparkasse –

Neumarkt mit Blickfang: St. Aposteln

mit einem, was die Auswahl der Baumaterialien, Farbgebung und
Ausleuchtung angeht, überaus ansprechenden Innenraum
(Baujahr 1988). Sandstein, hochglanzpolierter rosa Marmor im
Kontrast zu grüngestrichenen T-Trägern und Granitfußböden
zeugen von ungewöhnlichem Geschmack am Bau. Literatur
(im »Buchhaus Gonski«), kulinarische und vegetarische Delika-
tessen wetteifern im Angebot in und zwischen den beiden Licht-
höfen, in deren hinterem, achteckigen man mit einem gläsernen
Raumgleiter dem **Käthe Kollwitz Museum**, dessen Träger die
Kreissparkasse Köln ist, entgegenschweben kann.

Von hier aus sind es nur noch wenige Schritte bis zum Seiten-
eingang von **St. Aposteln**. Wie folgenreich für die Entwicklung der
rheinischen Romanik die Grundrißlösung von St. Maria im Kapitol
war, zeigt eindrucksvoll der mehr als ein Jahrhundert später

Blick auf den Gerling Konzern am Gereonshof

entstandene Dreikonchenchor von St. Aposteln, ein überaus reich
gegliederter, scheinbar in sich ruhender Zentralbau.

Akzentuiert von zwei mit Faltdächern gedeckten achteckigen
Treppentürmchen zwischen den Konchen und einem laternen-
bekrönten Vierungsturm, vermittelt diese Ostanlage von
St. Aposteln nicht nur einen nachhaltigen Eindruck vom Formen-
reichtum der rheinischen Romanik, sondern auch von der mittelalterlichen Vorstellung der Himmelsstadt, die man in einer solchen
Architektur konkret abgebildet meinte. Als Gegengewicht zum
stadtwärts gewandten Kleeblattchor zog der hohe, zur Zeit seiner
Errichtung noch außerhalb der frühmittelalterlichen Stadtmauer
gelegene Turm vor dem mächtigen Querhaus schon von weitem
den Blick des aus Westen Kommenden auf sich.

Das Innere des Langhauses läßt bei genauerem Hinsehen die
staufische Veränderung des ursprünglich salischen Baus
erkennen. In der Vierungskuppel hat man nach dem kriegs-
bedingten Verlust der Mosaiken des 19. Jahrhunderts einen
kühnen und durchaus ansprechenden Versuch unternommen,
etwas von der Wirkung der ursprünglich sicher vorhandenen
Farbigkeit nicht zu rekonstruieren, sondern schöpferisch
nachzuempfinden.

Der Platz vor der Kirche, der auch dem einzigen innerstädtischen
Wochenmarkt dient, ist ein Beispiel für das jüngste Bemühen der
Denkmalpflege, nach der Wiederherstellung der romanischen

Kirchen auch deren Umfeld städtebaulich zu verbessern und Mini-Parks zu schaffen – in erster Linie durch abwechslungsreiche Bepflasterung, Begrünung und unerbittliche Pfahl- und Kettenbollwerke gegen Parksünder.

Gegenüber dem Westwerk der Kirche sollte man bei dieser Gelegenheit einen Blick in den **Bazaar de Cologne** werfen: ein überdachtes, zweistöckiges Einkaufszentrum (1980/81) mit zahlreichen Imbiß-Cafés, auf engem Raum – ein wenig kleindimensioniert, eine *galleria coloniensis* eben.

Über den sogenannten »**Boulevard Mittelstraße**« – ein glamouröser Sprachversuch, der neben der bemühten Straßenmöblierung Angebotspalette und Preisgefüge der schicken Läden legitimieren soll – führt der Weg durch die nicht minder unbescheidene **Pfeilstraße**, die unter anderem die Ansicht böser Zungen zu widerlegen sucht, man müsse schon, um einzukaufen, nach Düsseldorf fahren. Am Ende der kurzen Straße liegt links und rechts die preislich noch etwas zurückgebliebene **Ehrenstraße**, deren grelle Boutiquen zur Zeit auf modische Teenager und Twenkultur setzen, was meist schon an der Phonstärke der Discomusik hörbar wird. Die offenkundig lukrative Klamottenszene hat längst vielen der originellen Adressen den Garaus gemacht: den Fischlokalen, Cafés und Reibekuchenbuden.

Beschaulicher dagegen der **Friesenwall**, der eine erstaunliche Wandlung durchmacht und der mit seinen kleinen Restaurants und Antiquitätenläden bereits ankündigt, was die **Friesenstraße**

Puppenklinik in der Friesenstraße

mustergültig vorweist: eine aufwertende Altstadtsanierung. Hier, in unmittelbarer Nachbarschaft des Gerling Versicherungskonzerns, sind neue Wohnungen und Hotels entstanden, unter gelegentlicher Beibehaltung alter Bausubstanz.

Überhaupt scheint architektonisches Recycling ein typisch kölnisches Merkmal zu sein. Vielfach blieben in der Innenstadt bei Neubaubeginn historische Fassaden wie Potemkinsche Dörfer stehen, bis sie im Zuge des Neubaus in diesen einbezogen wurden. So konnten, dank des vehementen Einsatzes von Kölns ehemaliger Stadtkonservatorin und heutiger Generaldirektorin der Kölner Museen, Hiltrud Kier, viele erhaltenswerte Bauteile, die sonst der Spitzhacke zum Opfer gefallen wären, tatsächlich gerettet werden.

Die Sanierung der Friesenstraße hat ihrer kölnischen Lebensart durchaus noch Luft zum Atmen gelassen. Allem voran zum Beispiel im »Brauhaus Päffgen«, einer jener Kathedralen des Kölsch, die immer für eine herzhafte Stärkung gut ist. Ein Leckerbissen für Liebhaber des Kuriosen wartet in Höhe der Spiesergasse in Gestalt der »Puppenklinik«: ein winziger Laden, der defekte Puppen durch chirurgische Eingriffe und die Montage von Ersatzteilen wieder zum Tanzen bringt. Das Lager der Kulleraugen, rosa Ärmchen und Beinchen und Haartrachten ist sehenswert.

Durch die Spiesergasse am Gerling Konzern vorbei gelangt man zum Gereonskloster, einer beruhigten und beruhigenden Oase, umschlossen von einer reizvoll-abwechslungsreichen Architektur und dominiert vom gewaltigen Dekagon von **St. Gereon**.

Neben dem Dom galt diese Kirche von jeher als ranghöchste der Kölner Erzdiözese und als vornehmstes der Kölner Stifte, die im Zuge der Säkularisation unter der französischen Herrschaft zu Beginn des 19. Jahrhunderts alle aufgelöst worden sind.

Kern der heutigen Kirche ist ein in seiner Bausubstanz noch deutlich erkennbarer spätantiker Ovalbau, der nach der – archäologisch allerdings widerlegten – Legende auf Helena, die Mutter Kaiser Konstantins, zurückgeht, die hier über den Gräbern des hl. Gereon, einer der Kölner Stadtpatrone, und anderer Märtyrer eine Kirche errichtet haben soll. Gesichert ist dagegen, daß Erzbischof Anno, einer der tatkräftigsten Bauherren im mittelalterlichen Köln, im 11. Jahrhundert den heute noch bestehenden Langchor mit der darunterliegenden Krypta erbauen ließ, der dann ein knappes Jahrhundert später verlängert, mit einer neuen Apsis und den beiden markanten Flankentürmen versehen wurde. Im frühen 13. Jahrhundert schließlich wandelte man den aus

St. Gereon: Deckengewölbe des Dekagons

dem späten 4. Jahrhundert stammenden Ovalbau in jenes über-
wölbte **Zehneck** um, das innerhalb der mittelalterlichen Architektur
nicht nur in Köln ein Unikum darstellt.

Der Blick in diese bedeutendste Kuppelwölbung seit der Hagia
Sophia in Konstantinopel und vor Brunelleschis Florentiner
Domkuppel ist ein atemberaubendes Architekturerlebnis.
Die Pracht der in vier Geschossen übereinandergetürmten,
verschwenderisch reichen Wandgliederung wird durch das
leuchtende Rot der neu ausgemalten Kuppel noch gesteigert, das
ebenso wie die goldenen Flammen darauf hinweist, daß sich diese
Kirche über Märtyrergräbern erhebt. Während sich die von Georg

Meistermann geschaffenen neuen Glasfenster kongenial dem Konzept eines schöpferischen Umgangs mit der überkommenen – und wie fast alle historische Kölner Bausubstanz im Krieg schwerstens beschädigten – mittelalterlichen Architektur einfügen, ist die Aufstellung des aus einer anderen Kirche geretteten barocken Hochaltars zumindest nicht unproblematisch, weil sie zwar den Zentralraum optisch abschließt, den Langchor aber nahezu erdrückt – ganz abgesehen davon, daß damit eine scheinbare historische Kontinuität suggeriert wird, die in dieser Form nie bestanden hat.

Vor der Ostseite der Kirche hält der Gereonsdriesch-Platz Lärm und Hektik der Christophstraße auf Distanz. Sowohl die Mariensäule als auch jene 1985 von Joseph Beuys gepflanzten Lindenbäume passen zur Stille des Platzes.

Durch die Steinfeldergasse schlägt man den Bogen zurück in Richtung Magnusstraße, an deren Ecke der **Römerturm** steht. Dem Umstand, daß er im Mittelalter als Latrine benutzt wurde, verdankt er sein Schicksal, das am besten erhaltene Denkmal der römischen Kölner Stadtmauer zu sein. Bemerkenswert ist dieser ehemalige Nordwestturm des 50 n. Chr. zur Stadt erhobenen römischen Köln, dessen annähernd quadratische Gestalt von einer rund vier Kilometer langen und durch 19 Türme gegliederten Mauer umgeben war, aber nicht nur wegen seines guten Erhaltungszustands, sondern vor allem auch wegen seiner Verzierungen durch Kreise, Rhomben und kleine Tempelfronten, die als helle Steinmosaiken in sein Ziegelmauerwerk eingelassen sind. (Freunde alter und neuer Kunst mögen sich an dieser Stelle vielleicht zu einem Abstecher in die Galerien und Kunsthandlungen an der St.-Apern-Straße und in die Kreishausgalerie entschließen. Sie können sich dann über die Helenenstraße und den idyllischen Kinderspielplatz Am Römerturm wieder in die allgemeine Route einfädeln.)

Vom Römerturm führt die teilweise noch erhaltene **römische Stadtmauer** nach Osten Richtung Dom, geht an der Südseite des Stadtmuseums in dessen Ziegelmauerwerk über und mündet anschließend in den 1915 errichteten und nach dem Zweiten Weltkrieg in vereinfachter Form wiederhergestellten **Römerbrunnen**, der die Erinnerung an die Gründung der Stadt durch die Römer wachhalten soll und dessen Anlage die Grundrißform eines weiteren Turms der Römermauer nachzeichnet.

Das um die Wende zum 17. Jahrhundert erbaute Zeughaus, ein langgestreckter Ziegelbau mit Treppengiebeln, dessen

Römerturm

Erscheinungsbild heute durch die in den Kölner Stadtfarben Rot und Weiß gehaltenen Fensterläden akzentuiert wird, barg einst Kölns Waffenarsenal und ist heute Sitz des **Stadtmuseums**, das Kölns Geschichte vom Mittelalter bis in die jüngste Zeit facettenreich darzustellen versucht und auch die üblicherweise aus dem Gedächtnis gestrichene Zeit des »Tausendjährigen Reichs« nicht ausklammert.

Natürlich kann man über diese oder jene Form der manchmal gewiß etwas bieder geratenen Präsentation, die anhand mehr oder weniger zufällig erhaltener Objekte Geschichte nachzuzeichnen und auch Alltagskultur darzustellen versucht, geteilter Meinung sein. Man sollte aber berücksichtigen, daß es allemal weit leichter ist, einzelne, wegen ihrer ästhetischen Qualität auch außerhalb des

St. Andreas: Mittelschiff nach Osten

ursprünglichen Kontexts zeitüberdauernd wirksame Kunstwerke zu präsentieren, als Geschichte auszustellen, die sich unwiederholbar ereignet hat und nur in ihren Relikten greifbar bleibt – oder in ihren Folgen, die wiederum selbst Geschichte sind.

Der historisch Interessierte wird jedenfalls im Stadtmuseum auf seine Kosten kommen, und auch derjenige, der sich lieber von sichtbaren Phänomenen als von deren geschichtlichen Wurzeln beeindrucken läßt, wird vom großen Stadtmodell begeistert sein, das nach dem 1571 gezeichneten Plan Arnold Mercators, der ersten Köln-Ansicht aus der Vogelschau, angefertigt wurde und mittels eines Lichtprogramms und einer hörenswerten Erklärung auf Kölsch erläutert wird, die das optische Erlebnis auch akustisch einschlägig untermauert. Und wer sie bei Betreten des Museums übersehen hat – beim Hinausgehen sollte er einen Blick auf die kleine Vitrine gleich am Eingang werfen, in der der zwar von vornherein zum Scheitern verurteilte, aber doch bemerkenswerte Versuch gemacht wird, den »Kölschen Klüngel«, das in Köln auf allen Ebenen wirksame und gerade deshalb eigentlich nicht darstellbare Lebensprinzip, dennoch darzustellen.

Vom freigelegten Rest der Römermauer an der Kreuzung Komödienstraße und Nord-Süd-Fahrt führt eine Treppe zur Burgmauer hinauf, einer stillen Gasse, an der gleich rechter Hand das Anwesen des Domkapitels liegt, das heißt dessen Gitter, hinter dem sich ein klerikales Paradiesgärtlein mehr versteckt als zu erkennen gibt – eine grüne Idylle, die man mitten in der Stadt nicht vermutet und deren ganzes Ausmaß erst vom Domturm aus erkennbar wird.

Die beschauliche Burgmauer ist übrigens axial auf die West-fassade des Doms ausgerichtet, was jahraus, jahrein die Touristen immer wieder zu dem aussichtslosen Versuch verleitet, diese Straße im Rückwärtsgehen zu erstolpern, um unter schlimmsten Verrenkungen und Posen die Kathedrale aufs Hochformat zu bannen.

Auf etwa halber Strecke gibt links eine Treppe den Blick frei auf **St. Andreas**. Sein zweigeschossiger, achtseitiger Vierungsturm setzt mit seinem charakteristischen Faltdach über Dreiecksgiebeln einen bemerkenswerten romanischen Akzent zwischen der beherrschenden Wucht der gotischen Domtürme und den mehr oder weniger einfallslosen Baumassen der Nachkriegszeit, die sich vom Dom entlang der ehemaligen römischen Stadtmauer nach Westen erstrecken.

Wie reich romanische Architektur sein kann, zeigt nicht nur das kurze, mit prächtigen Friesen, Blendarkaden und Kapitellen über gedrungenen Stützen geschmückte Langhaus aus staufischer Zeit, das sich hinter der dämmrigen Vierungskuppel effektvoll zum lichtdurchfluteten gläsernen Saal des spätgotischen Langchors öffnet, sondern mehr noch die Vorhalle im gewaltigen Westbau, die mit ihren ausgezackten Gurtbögen geradezu exotisch anmutet.

In der Krypta des ehemaligen Chorherrenstifts, das heute Dominikanerkirche ist, ruhen die Gebeine des gelehrten Domini-kanerheiligen Albertus Magnus, der wie kaum ein zweiter das Denken des Mittelalters geprägt hat.

Über die Komödienstraße – vorbei an der »Buchhandlung Herder« und dem städtischen Verkehrsamt – nähern wir uns wieder dem Ausgangspunkt des heutigen Tags: dem Dom.

3. Tag – Programm: Südstadt – Ringe – St. Pantaleon – Aachener
Weiher – Ringe – Eigelstein – Dom – Oper –
St. Kolumba – Hohe Straße – Domplatz

Vormittag	St. Severin (Parken) – Severinstor – Sachsenring – Ulrepforte – Stadtmauer – St. Pantaleon (Parken) – Ring – Barbarossaplatz – Roonstraße – Lindenstraße – Universitätsstraße – Ostasiatisches Museum
Mittag	Pause am Aachener Weiher – Restaurant im Ostasiatischen Museum – Japanisches Kulturinstitut
Nachmittag	Rudolfplatz – Ringe – Ebertplatz – Eigelstein – Domparkhaus – Museum für Angewandte Kunst – Minoritenkirche – Opernhaus – 4711 – WDR – Dischhaus – St. Kolumba – Hohe Straße – Stollwerck-Passage
Danach	Dom-Hotel-Terrassen: Abschied von Köln

Für KVB-Benutzer:
Dom – Clodwigplatz: Bus Linie 132 (Meschenich) 9 Stationen;
Chlodwigplatz – Eifelstraße: Straßenbahn Linie 6 (Longerich),
Linie 15 (Thielenbruch), Linie 16 (Mülheim) 2 Stationen;
Eifelstraße – Rudolfplatz: Straßenbahn Linie 6 (Longerich),
Linie 10 (Merkenich), Linie 15 (Thielenbruch) 3 Stationen;
Rudolfplatz – Universitätsstraße: Straßenbahn Linie 1 (Junkers-
dorf), Linie 2 (Frechen) 2 Stationen;
Universitätsstraße – Neumarkt – Dom: Straßenbahn Linie 1
(Bensberg), Linie 2 (Ostheim) 3 Stationen;
Neumarkt umsteigen in die U-Bahn:
Straßenbahn Linie 9 (Chorweiler), Linie 12 (Merkenich), Linie 14
(Dom/Hbf), Linie 16 (Mülheim) 2 Stationen.
Da man per U-Bahn unter die Erde taucht, kann man nicht alles
sehen, was beschrieben wird.

3. Tag – Informationen

St. Severin
Im Ferkulum 29
Tägl. 8.30–12, 15–19 Uhr,
So 9–12 Uhr
Ehemalige Stiftskirche aus dem
11./13. Jh., Krypta mit Wand-
malereien der 14. Jh., (Führung
und Besichtigung des römisch-
fränkischen Gräberfelds
Mo, Fr 16.30 Uhr).

Haus Balchem
Severinstr. 15
Großes barockes Bürgerhaus
von 1676. Ursprüngliche Bezeich-
nung »Zum goldenen Bären«,
der Name Balchem geht auf die
Besitzer um die Jahrhundertwende zurück, die Bierbrauer
Gebrüder Balchem; heute Stadt-
bücherei.

Früh em Veedel
(ehemals: Hermann)
Chlodwigplatz 28
11–1 Uhr, So geschl.
Traditionsreiche kölsche Wirtschaft.

Severinstorburg
Chlodwigplatz
Eines der drei noch erhaltenen
mittelalterlichen Stadttore,
ältester Teil aus dem 12./13. Jh.

Chlodwigplatz/Salierring
Benannt nach dem Franken-
könig Chlodwig I. (um 466–511),
der die rheinfränkische Königs-
pfalz Köln und das Gebiet seines
Verwandten König Sigibert um
508 seinem Reich einverleibte.

Ulrepforte/Stadtmauer
Sachsenring
Reste der mittelalterlichen Stadtmauer mit zwei Türmen, Stadttor,
später zugemauert, in der Mauer
ältestes profanes Denkmal
Deutschlands (»Ulredenkmal«,
1360).

St. Pantaleon
Am Pantaleonsberg 2
Mo–So 9–17.30 Uhr
Ehemalige Klosterkirche der

Benediktiner, älteste romanische Kirche von Köln, errichtet im 10. Jh., ehemaliger Immunitätsbezirk des Klosters als einziger in Köln noch erhalten.

Rudolfplatz

Im Mittelpunkt des neugestalteten Platzes das Hahnentor, ein wuchtiges Doppelturmtor, 13. Jh. An dieser Stelle betraten im Mittelalter die deutschen Könige, von der Krönung in Aachen kommend, die Stadt, um die Gebeine der Heiligen Drei Könige zu verehren.

Museum für Ostasiatische Kunst/Aachener Weiher

Universitätsstr. 100
Z. Z. wird das Museum renoviert; voraussichtlich bis 1995 geschl. Museumsneubau von 1977. Ältestes europäisches Museum ausschließlich für ostasiatische Kunst (seit 1913), umfangreichste Sammlung der Bundesrepublik zur Kunst Ostasiens.

Cafeteria

Di–So 10–17 Uhr
Mit Blick auf den (künstlichen) Aachener Weiher, der in den 20er Jahren im Rahmen der Gestaltung des Grüngürtels als moderne Erholungsanlage entstand.

Japanisches Kulturinstitut

Universitätsstr. 98
Mo 14–17, 18.30–21 Uhr,
Di–Fr 9–13, 14–17 Uhr
Öffentliche Präsenzbibliothek (18 000 Titel).

Ringe

Ende des 19. Jh. attraktive Flanierstraße, verläuft halbkreisförmig um die Innenstadt, entstand auf dem planierten Graben der 1881 abgerissenen mittelalterlichen Stadtmauer, großzügig angelegt als Boulevard nach Pariser und Wiener Vorbild mit Alleen, Brunnen und Denkmälern. Seit 1988 nach Fertigstellung der Ring-U-Bahn wieder im sogenannten »Rückbau« neu gestaltet – besonders sichtbar im Bereich des Kaiser-Wilhelm-Rings.

Stadtmauer

Hansaring/Am Kümpchenshof/Gereonswall
Reste der mittelalterlichen Stadtmauer mit Gereonsmühlenturm, 14. Jh., z. T. als Wohnhaus genutzt.

Hansa-Gymnasium

Hansaring 54–58
Ehemalige Handelshochschule, 1898/99 errichtet, Architekt: F. C. Heimanns, 1901 eröffnet, 1907 verlegt zum Rheinufer, heute städtisches Gymnasium.

Hansa-Hochhaus

Hansaring 97
1924/25, Architekt: Jakob Koerfer, 17 Stockwerke (65 m), zur Zeit seiner Entstehung das höchste Hochhaus in Europa, heute Geschäftshaus der Firma Saturn.

Ebertplatz

Sechsseitiges Hochhaus »Gerlings Bleistift«, »Wasserkinetische Plastik« von Wolfgang Göddertz, 1977.

Eigelsteintorburg
Mittelalterliches Stadttor aus dem 13. Jh. mit einer Skulptur des »Kölsche Boor« (19. Jh.): In der mittelalterlichen Hierarchie der deutschen Städte war Köln dem Reichsstand der Bauern zugeordnet. Der Bauer existiert noch heute als Figur des Dreigestirns im Kölner Karneval.

St. Mariä Himmelfahrt
Marzellenstr. 32–40
(Nähe Dom)
Tägl. 7–19 Uhr
Ehemalige Jesuitenkirche, Anfang 17. Jh., bedeutendster Bau des Ordens in Nordwestdeutschland, häufig Konzerte.

Museum für Angewandte Kunst
An der Rechtschule
℘ 221–67 14
Di–So 10–17 Uhr, 1. Do im Monat bis 20 Uhr
Führungen: Sa 14.30 Uhr, So 11.30 Uhr
Eine der vier international bedeutenden Sammlungen dieser Art in der Bundesrepublik. – Das Museum birgt insgesamt mehr als 100 000 Kunstwerke. Vom kostbaren kleinen Schmuckstück bis zu ganzen Zimmereinrichtungen zeigt es kontinuierlich aus 1 000 Jahren und allen Bereichen des Kunsthandwerks und des modernen Produktions-Designs hochrangige Zeugnisse europäischer Lebens- und Wohnkultur. Parallel dazu umfaßt die graphische Abteilung mit etwa 70 000 Blatt nahezu alle Bereiche der Gebrauchsgraphik vom 16. Jh. bis heute.

Boisserée
Kunsthandlung und Galerie
Drususgasse 7–11
(Nähe Museum für Angewandte Kunst)
℘ 2 57 85 19
Vor 150 Jahren gegründet von zwei Neffen der bekannten Kunsthistoriker und Sammler Sulpiz und Melchior, die sich erfolgreich für die Domvollendung einsetzten. Kunst des 20. Jh., Bronzen, modernes Glas.

Minoritenkirche
Kolpingplatz
Tägl. 7.30–18.30 Uhr
Einzige noch erhaltene Kirche eines Bettelordens in Köln, gehörte den Franziskanern, auch »Minderbrüder« genannt (lateinisch Minoriten), Bau aus dem 13./14. Jh., spätgotischer Kreuzgang in wenigen Bögen erhalten (integriert in den Innenhof des Museums für Angewandte Kunst), Grabstätten des Franziskanerpaters und Theologen Duns Scotus (†1308) und des Gesellenvaters und Gründers des Kolpingwerks Adolf Kolping (1813–65), Plastik Adolf Kolpings, 1903, von J. B. Schreiner vor der Westfassade.

Oper
Offenbachplatz

1954–57, 1 346 Plätze, auf dem Vorplatz der Opernbrunnen von Hans Jürgen Grümmers, 1966.

4711
Glockengasse/Schwertnergasse
Stammhaus der Muelhens KG, nach dem Krieg in Anlehnung an den 1852–54 entstandenen neugotischen Bau der Firma 4711 neu errichtet.

WDR
Appellhofplatz 1
Eines der größten Rundfunkunternehmen Europas, 5 Radioprogramme mit rund 160 und 1 Fernsehprogramm (West 3) mit 23 Sendestunden tägl., mit 22 % an der ARD beteiligt; 4 800 feste Mitarbeiter.

Dischhaus
Brückenstr./Herzogstr.
1929, Architekt: Bruno Paul, elegantes stromlinienförmiges Büro- und Geschäftshaus der späten 20er Jahre, 1983/84 umfassend saniert – mit sehenswertem Treppenhaus.

St. Kolumba
Kolumbastr. 2
Tägl. 6.30–19 Uhr
Sogenannte »Madonna in den Trümmern«, ehemalige Pfarrkirche aus dem 13./15. Jh., bis auf die Außenmauern vom Krieg zerstört; der Marienstatue zu Ehren, die wie ein Wunder erhalten blieb, wurde 1950 in den Trümmern der alten Kirche die heutige Kapelle errichtet, Architekt: Gottfried Böhm, Tabernakelaltar aus Marmor von Elisabeth Treskow, Holzfigur des hl. Antonius von Ewald Mataré, 1937, Westfenster von Georg Meistermann, 1948.

Sauer
Minoritenstr. 13
Traditionsreiche Firma für Damen- und Herrenmoden, gegründet 1842, seit 1986 im eigens errichteten neuen Haus mit postmoderner Eleganz.

Hohe Straße
Eine der Haupteinkaufsstraßen von Köln, die schon zur Zeit der Römer so verlief und damals den zentralen Verbindungsweg zwischen dem südlichen und dem nördlichen Stadttor der römischen Siedlung darstellte. 100 000 Menschen wälzen sich hier jeden Tag durch.

Café Eigel
Brückenstr. 1–3
Mo–Fr 9–19 Uhr, Sa 9–18 Uhr, So 14–18 Uhr
Elegantes Ambiente für Kaffee und Kuchen.

Stollwerck-Passage
Überdachte Verbindung zwischen der Hohen Straße und Am Hof: einzige noch bestehende Einkaufspassage aus der Zeit um die Jahrhundertwende (1907) – an der damals noch eleganten Hohen Straße.

Dom-Hotel-Terrassen
Restaurant: 9–23 Uhr
Café: 11–20 Uhr

Köln im Halbkreis:
Südstadt – Ringe – Eigelstein

»Frisches Wasser, frischer Mut!«
(Graffiti an der Fachhochschule
für Design, Maternusstraße)

Aller guten Dinge sind drei: deshalb soll der letzte Tag die Köln-
kenntnis abrunden. Diesmal nicht nur zu Fuß, sondern mit dem
eigenen Auto, den öffentlichen Verkehrsmitteln oder dem Taxi.

Zwar umschließt die Route kein volles Rund, aber doch immerhin einen Halbkreis entlang der Ringstraßen. Außerdem enthält sie
eine besonders kölnische Zugabe, den Kurzbesuch eines Viertels
oder »Veedels«, wie es vor Ort heißt: der Südstadt.

Sie ist, streng genommen, kein richtiger Vorort – so wie z. B.
Sülz, Ehrenfeld, Zollstock oder Nippes. Aber sie zählt unter den
85 Quartieren, die die Fast-Millionen-Stadt Köln ausmachen,
ohne Frage zu den ungewöhnlichsten Stadtvierteln, ja, sie hält sich
seit Jahren für das Viertel *par excellence* – oder wird dafür
gehalten.

Blick durch die Severinsmühlengasse auf St. Severin

Kölnerin im Severinsviertel

Selbstwertgefühl und Image, Realität und Mythos sind rund um den Chlodwigplatz kaum zu trennen. Aber bei einer Stippvisite – an einem unverfänglichen Morgen – ist das ja auch gar nicht nötig.

Vom Dom aus fährt man am besten mit dem Auto am Rheinufer entlang: durch den Rheintunnel, vorbei an der rosa getünchten Kirche St. Maria Lyskirchen (rechts) und dem neu entstandenen Sportmuseum im Rheinauhafen (links) und unter der eleganten, pylonbekrönten Severinsbrücke hindurch. Kurz vor dem sogenannten »Siebengebirge«, den charakteristischen Lagerhallen der Agrippinawerft (1908/09 von Hans Verbeek errichtet), biegt der Ubierring rechts ab.

Im Rautenstrauch-Joest-Museum ist die Völkerkundesammlung untergebracht und weiter vorn, auf der gegenüberliegenden Seite, in der Kölner Fachhochschule für Design, Studenten und Professoren der ästhetischen Erziehung – ein Klientel, das die **Südstadt** mit einer gewissen Boheme-Atmosphäre versorgt.

An der **Bottmühle** fährt man rechts auf deren rundum begrünten Turm zu. Der hübsche Blickfang gehörte ursprünglich zu einer Mühle in der Stadtmauer; heute weht auf seiner Spitze stets die rote Fahne der »Falken«.

Die kleine Straße endet vor den neuen Wohnbauten auf dem ehemaligen **Stollwerckgelände**, dort, wo in den frühen 80er Jahren, als der Abriß der Fabrikanlagen drohte, erbitterter Widerstand tobte, der sogar ein bundesweites Echo fand. Vorbei war es mit dem süßlichen Schokoladenduft, der, alternierend mit dem Hopfendunst der Brauereien, lange die typische Geruchs-Melange des Stadtteils bestimmte.

Der Kampf der Besetzer ist inzwischen vorbei. Nur ein Teil der Fabrik entkam den Abrißbirnen, aber dennoch entstand auf dem Gelände eine beachtliche Siedlung mit rund 1 400 Mietern in über 800 Wohnungen fast ausschließlich im sozialen Wohnungsbau, in

Traditionell kölnisch: die Kneipe »Invalidendom« am Chlodwigplatz

der die Bewohner eines Altersheims, Türkenkinder und »kölsche Pänz« einträchtig die Innenhöfe bevölkern.

Von der Annostraße aus führt die schmale Severinsmühlengasse genau auf die schlanke Chorpartie von **St. Severin** zu.

Wie die meisten der großen Kirchen Kölns erhebt auch sie sich über einem römischen Gräberfeld. Der hl. Severin, Kölns dritter historisch nachweisbarer Bischof, fand hier seine Grabstätte. Am heutigen Kirchenbau, dessen Vorgänger sich bis ins 4. Jahrhundert zurückverfolgen lassen, kann man nahezu alle Phasen der mittelalterlichen Architektur Kölns ablesen, vom spätromanischen Chor bis zum beherrschenden, von spätgotischem Maßwerk überzogenen Westturm, der erst im 16. Jahrhundert vollendet wurde. Zusammen mit den beiden scharfkantigen Chorflankentürmen bildet er einen wichtigen Akzent im Süden der Kölner Rheinfront.

Im Innern beeindruckt vor allem der Chor, dessen ursprüngliche Ausstattung noch leidlich gut erhalten ist, angefangen vom kostbaren Mosaikfußboden aus weißem, gelblichem, rosa und schwarzem Marmor über das in zwei Reihen angeordnete Chorgestühl mit phantasievoll geschnitzten Tierdarstellungen bis hin zum bemerkenswerten Aufbau hinter dem Altar, dessen vier romanische Säulen den – heute allerdings neugotischen – Severinusschrein tragen; auf diese Weise war der Schrein nicht nur von weitem zu sehen, sondern man konnte auch unter ihm durchgehen, um so der heilenden Strahlung, die man den im Schrein aufbewahrten Reliquien zugestand, teilhaftig zu werden. Ein kostbares Stück romanischer Architektur ist das dahinterliegende Gewölbe des Ägidius-Chörleins mit seinem hängenden Schlußstein.

Schließlich sei auch noch auf eine Besonderheit hingewiesen, die zeigt, wie antike Architekturtheorie im Mittelalter angewandt wurde. Die Posaunen der Engel in den Ecken der Wandbilder über dem Chorgestühl enden in wirklichen Schallöffnungen, hinter denen Steinzeugtöpfe eingemauert sind. Vitruv, der Verfasser des einzigen uns aus der Antike überlieferten Architekturtraktats, hat derartiges beim Bau von Theatern empfohlen, um die Akustik zu verbessern.

Die **Severinstraße**, die alte römische Nord-Süd-Achse und soziale Schlagader der Südstadt, bewahrt auf ihre Art römische Relikte, denn nicht allein die Pizzerien und Eiscafés sind fest in italienischer Hand. Der Völkermix ist kaum irgendwo sonst in Köln lebendiger, besonders dann nicht, wenn auf dem Plätzchen vor der Kirche die Marktstände aufgeschlagen sind. Hier, genau wie auf der Bonner-, der Alteburger- oder der Merowinger Straße, spürt man die Vitalität der Südstadt: in den Bäckereien, italienischen Gemüseläden, der einzigartigen Büdchen-Kultur, den Kiosken, wo es nahezu alles Lebenswichtige zu erfahren und zu kaufen gibt und das fast zu jeder Tageszeit, denn sie haben mit den Ladenschlußgesetzen nichts am Hut.

Dagegen speist sich der Mythos Südstadt aus anderen Quellen. Sie liegen eher in den Blüten der Nacht und des Nichtstuns: in den

Severinstorburg am Chlodwigplatz, Mitte des 12. Jahrhunderts

Kneipenritualen der Insider mit höherem Einkommen oder der jugendlichen VW-Kabrio-Touristen aus den umliegenden Dörfern, bei den Schlaumeiern mit den Drei-Tage-Bärten, in der New-Wave-Szene.

Tagsüber fehlt davon jede Spur. Geschäftiges Leben bestimmt den Gang der Dinge in dieser Nachbarschaft. Das schmucke **Haus Balchem** liegt auf dem Weg zum Severinstor und »Invalidendom«, einer backsteinernen Kölschkneipe gleich beim Stadttor. Früher war es das Haus und Gasthaus der Schnapsbrennerei Hermann – eine Institution, die ihren Spitznamen »Invalidendom« aus der flüssigen Barmherzigkeit verdiente, die hier den vom Leben

Enttäuschten und Geschundenen in Form des obergärigen Kölsch stets zuteil wurde. Die heutige Gaststätte »Früh em Veedel« sucht dieser schönen Tradition weiterhin gerecht zu werden.

Das **Severinstor** ist eines der zwölf Stadttore, deren Zahl nicht verkehrstechnisch, sondern symbolisch begründet ist. Das »heilige Köln« spielte damit auf die in der Apokalypse beschriebene Himmelsstadt an, deren goldene Mauer durch zwölf Tore gegliedert wird. Kölns staufische Stadtmauer, die größte im Europa des Mittelalters, war zwar nicht vergoldet und auch nicht mit Edelsteinen geschmückt wie diejenige der Himmelsstadt, aber doch so wirkungsvoll, daß sie niemals eingenommen wurde; dies allerdings dürfte nicht nur an ihrer gewaltigen Stärke gelegen haben, sondern auch daran, daß kein Heer groß genug war, die von der fast sieben Kilometer langen Mauer umgebene Stadt einzuschließen. Daß die Tore ebenso wie die Stadtmauer insgesamt nicht nur eine praktische, sondern auch eine repräsentative Funktion zu erfüllen hatten, beweist der Umstand, daß die nach außen gekehrte »Feldseite« weitaus prächtiger und aufwendiger gestaltet ist als die der Stadt zugewandte.

Vom Chlodwigplatz geht es Richtung Innenstadt weiter über die Ringstraße, die bald den Blick auf den Turmbau der **Ulrepforte** freigibt.

Bedeutungsvoll an dem durch zahlreiche Umbauten im Lauf der Zeit völlig veränderten Doppelturmtor des frühen 13. Jahrhunderts ist das in die Mauer eingelassene, ebenfalls vielfach restaurierte und heute durch eine Kopie ersetzte Reliefbild – das Original befindet sich im Kölnischen Stadtmuseum. Es zeigt die »Schlacht an der Ulrepforte« des Jahres 1268, in der der Erzbischof den – gescheiterten – Versuch unternommen hat, die zuvor in langem Ringen zustandegekommenen Ergebnisse der kommunalen Freiheitsbewegung wieder rückgängig zu machen. Dieses figurenreiche Relief, das ein Jahrhundert nach diesem Kampf entstanden ist, in dem der Legende nach Kölns Stadtpatrone mitgeholfen haben, die städtische Freiheit zu verteidigen, dürfte Deutschlands ältestes historisches Denkmal überhaupt sein.

Der **Sachsenring** erinnert durch seine Breite und Begrünung noch am besten an die alte Ringgestaltung, die durch die Kriegszerstörung und den Wiederaufbau bis zur Unkenntlichkeit entstellt wurde. Die Räumlichkeiten in den Stadtmauerresten sind fest in der Hand der Prinzengarde. Das Äußere sieht auffällig adrett aus – wie ein Stück Mittelalter in der Konserve. Der Eindruck variiert

St. Pantaleon: das Westwerk

*St. Pantaleon: Kanzel, Lettner
und Orgel im Mittelschiff*

ein städtebauliches Grundthema Kölns: Historische Bauformen erscheinen allenfalls als flüchtige Reminiszenzen, nie zusammenhängend – Vergangenheit in Anführungszeichen.

Am Weidenbach wartet, schräg gegenüber vom Finanzamt, noch ein sehenswertes Beispiel mittelalterlicher Baukunst: **St. Pantaleon**.

Trotz aller Zerstörungen und Veränderungen, die diese dem griechischen Märtyrer Pantaleon geweihte Kirche über sich ergehen lassen mußte, gehört sie zu den bedeutendsten Bauten Kölns. Vor allem das **Westwerk**, über dessen Mittelturm man übrigens im vergangenen Jahrhundert einen optischen Telegraphen errichtet hat, gehört zu den Höhepunkten ottonischer Architektur. Erzbischof Bruno, der Bauherr, war der Onkel Kaiser Ottos II., dessen Gemahlin, die byzantinische Prinzessin Theophanu, hier begraben liegt.

Das Westwerk, das sich zum heute wieder flach gedeckten Langhaus hin öffnet, vermittelt auch im Innern den stärksten Eindruck. Sein quadratischer Mittelraum wird an den drei übrigen Seiten durch eine doppelgeschossige Bogenarchitektur gegliedert, hinter der Nebenräume und Emporen eine durchlichtete Raumfolie bilden. Die weitgespannten Bögen auf schweren Pfeilern verleihen dem Raum eine monumentale Ruhe; der rot-weiße Farbwechsel der Pfeiler- und Bogensteine – ein klassisches Motiv der ottonischen Baukunst – erzeugt eine großzügige Festlichkeit. Während das Untergeschoß des Westwerks als Tauf- und lange Zeit auch als Pfarrkirche diente, war das Obergeschoß wohl hauptsächlich der kaiserlichen Familie vorbehalten und bot dem Kaiser die Möglichkeit, von erhöhter Stelle aus am Gottesdienst teilzunehmen. Man muß bedenken, daß das Mittelalter im Kaisertum nicht nur eine weltliche Macht sah, sondern dem Herrscheramt auch einen sakralen Charakter beimaß. Das Westwerk ist so als kaiserliches Gotteshaus zu verstehen.

Der Blick aus dem Westwerk in das Kirchenschiff fängt sich an Kölns ältestem **Orgelgehäuse** über dem prachtvollen spätgotischen **Lettner**, der zu Beginn des 16. Jahrhunderts von brabantischen Künstlern geschaffen wurde.

Ein Besuch der **Schatzkammer** lohnt sich allein schon wegen der beiden Reliquienschreine des 12. Jahrhunderts, die zwar nicht mit der Einzigartigkeit des Dreikönigenschreins im Dom konkurrieren können, aber doch hervorragende Beispiele für das hohe Niveau der mittelalterlichen Goldschmiedekunst im Rhein-Maas-Gebiet darstellen.

Oase für Kunst und Kaffee: das Museum für Ostasiatische Kunst am Aachener Weiher

Vom Ring aus umfährt man (möglichst schnell) den Barbarossa-platz zur Roonstraße, die zwar nur einen flüchtigen, aber durchaus günstigen Einblick in die Kölner Neustadt gewährt. In Höhe der Synagoge zählt der **Rathenauplatz** zu den wenigen Glücksfällen eines erhaltenen innerstädtischen Parks, die ursprünglich vom Stadtbaumeister Stübben konzipiert wurden.

Die Lindenstraße führt gleich nach der Unterquerung der Bundesbahngleise durch grüne Wiesen, die den Blick auf das akademische Köln öffnen: vom Gebäude der Wiso-Fakultät bis zum Uni-Center reicht die Universität – Arbeitsplatz für rund 54 000 Studenten.

Die Universitätsstraße bringt jeden schnell zum Ostasiatischen Museum, mitunter so schnell, daß man auf der rechten Straßen-seite achtgeben sollte, die Einfahrt zu dessen Parkplatz nicht zu verpassen.

Verfügt Köln mit dem vielbesuchten Museumskomplex »zwischen Dom und Strom« über den wohl umfangreichsten deutschen Museumsneubau der Nachkriegszeit, so besitzt es in dem von der breiten Öffentlichkeit weit weniger beachteten **Museum für Ostasiatische Kunst** ein architektonisches Juwel, das zu den geglücktesten Leistungen innerhalb der nicht nur von Architekten und Kunsthistorikern zunehmend geschätzten Bau-aufgabe »Museum« gehört.

Der japanische Architekt Kunio Mayekawa, der unter anderem bei Le Corbusier studiert hatte und zu den einflußreichsten Vertretern der modernen Architektur in Japan gehört, schuf einen niedrigen, aus ineinandergeschachtelten Blöcken souverän

komponierten und doch zurückhaltenden Bau, der die Stadt-
silhouette durch keine unangemessenen vertikalen Akzente stört,
sondern sich vorzüglich in seine landschaftliche Umgebung
einfügt. Das Goldbraun in Japan gebrannter Fliesen, mit denen die
Architektur größtenteils verkleidet ist, bildet einen harmonischen
Kontrast zum sparsam verwendeten Grau einiger steinerner
Partien.

Das unmittelbar an das Museum herangeführte Wasser des
Aachener Weihers und vor allem ein japanischer Garten im
Innenhof des Museums erwecken fernöstliche Assoziationen.
Über ein großes Foyer erreichbare, fließend ineinanderüber-
gehende und unterschiedlich hohe, mittels einer ebenso subtilen
wie differenzierten Lichtführung beleuchtete Ausstellungsräume
ermöglichen in jeder Hinsicht optimale Präsentation der kostbaren
Bestände (zur Zeit wegen Renovierung geschlossen, voraussichtlich bis 1995).

In der hübschen Cafeteria am Wasser zu sitzen und einmal
den Weiher zu umrunden, sind erholsame Zwischenspiele im
Programm.

Die Richard-Wagner-Straße erreicht beim Rudolfplatz wieder
die Ringe, und zwar jenen Bereich, der jüngst städtebaulich
gelinde aufgewertet wurde. Jetzt, nachdem der U-Bahn-Bau
zwischen Christophstraße und Zülpicher Platz vollendet ist, sind
die Gehsteige neu bepflanzt, gepflastert, von Radwegen flankiert
und insgesamt breiter geworden. Über allem leuchten abends
historisierende Straßenlaternen und erinnern an die gute alte Zeit.

Freilich nur schwach, denn daß die Ringe seit der Jahrhundertwende der prächtige Ausdruck des damals erstarkenden Industrie-
zeitalters waren, ein mit Plätzen, Brunnen, üppigen Grünräumen
und Denkmälern inszenierter Boulevard: davon ist heute nur noch
wenig zu spüren. Krieg und Wiederaufbau haben den ästhetischen
Rang ebenso wie die soziale Funktion der Flanierstraße weitgehend unkenntlich gemacht. Bedeutende öffentliche Bauten des
Historismus und des Neubarock, wie z. B. das Hohenstaufenbad
oder die alte Oper, verschwanden von der Bildfläche. Die alten
Plätze heißen zwar noch »Plätze«, in Wirklichkeit sind es
Kreuzungen.

Allein der neugestaltete **Kaiser-Wilhelm-Ring** bringt etwas
urbanes Flair zurück: durch eine Gartenarchitektur mit Teich und
Brunnen, schmalen Gehwegen und einer kleinen Seufzerbrücke.

Im neuen Glanz passieren am Hansaring einige der alten Villen
Revue, an denen die Ringe einst so reich waren, weil hier vor allem

Glanzvolle Vergangenheit: der Hohenzollernring, Foto um 1902

das wohlhabende Bürgertum residierte. Ab und zu haben auch
historische Denkmäler von größerer Dimension überlebt: Reste
der Stadtmauer zum Beispiel oder das in den 20er Jahren gebaute
neugotische Hansa-Gymnasium und das **Hansa-Hochhaus**, das
einmal das höchste seiner Art in Europa war.

Kurz bevor man den Ebertplatz erreicht, führt die Lübecker
Straße rechts vom Ring ab und in Richtung auf die Eigelstein-
torburg – der städtebauliche Kontrapunkt zur Severinstorburg im
Süden. Wer gern – ebenfalls aus symmetrischen Gründen: als
Gegenstück zum Chlodwigplatz nämlich – zum Ebertplatz möchte,
sollte dorthin und eine Schleife fahren, um erst dann in die
Lübecker Straße einzubiegen.

Die wechselnden Namen dieses Platzes spiegeln ein Stück der
jüngsten Geschichte: 1923 Platz der Republik, 1933 Adolf-Hitler-
Platz, 1945 Deutscher Platz, 1950 **Ebertplatz**. Im Zuge des
verkehrstechnisch notwendigen Ausbaus der Nord-Süd-Fahrt
und durch den U-Bahn-Bau wurde der ehemals gärtnerisch
großzügig angelegte Platz völlig umgestaltet, sein »Fußgänger-
bereich« leider abgesenkt, tiefergelegt, kurz: vom Erdboden
verdrängt.

Die elegante Form des beherrschenden sechseckigen
sogenannten »Ringturmhauses« – im Volksmund »Bleistift« oder
»Gelonida« (wegen des Grundrisses in Tablettenform) – findet

ihr Pendant im eigenwilligen Brunnen des Metallbildhauers Wolfgang Göddertz. Um ein Bündel senkrecht stehender Röhren sind kreisförmig in unterschiedlichem Abstand verschieden große Edelmetallteller angeordnet, die das mit großem Druck auf ihre Innenseite gesprühte Wasser fein gefächert wieder gegen die Mitte zurückwerfen.

Was die Severinstraße für den Süden Kölns, das ist der **Eigelstein** für den Norden: viele Ähnlichkeiten drängen sich auf. Die Fans beider Lager wetteifern um Punkte: Flair, Szene, Ausländerintegration, kölsche Lebensart. Wer hat mehr zu bieten? Fällt das Römisch-Italienische mehr ins Gewicht oder das Türkische im kölnischen Klein-Istanbul rund um die Weidengasse?

Am Ende der Marzellenstraße grüßt von der linken Straßenseite noch ein wahrhaft ungleiches Bauten-Pärchen durchs Wagenfenster: die schwungvolle Fassade der Jesuitenkirche **St. Mariä Himmelfahrt**, die gotische, romanische und barocke Formen verbindet, um so bewußt die Kontinuität und Stärke christlicher Tradition zu dokumentieren, und ein rabenschwarzer Büroklotz, der mit der Kirche ästhetisch auf Kriegsfuß steht.

Der letzte Tag in Köln sollte außerhalb des Autos zu Ende gehen, auf einem kleinen Abschlußspaziergang, nachdem das Gefährt in einem der Parkhäuser rund um den Dom abgestellt ist.

Vom Wallrafplatz ausgehend folgt das **Museum für Angewandte Kunst** gleich auf dem Fuß. Sein neues Zuhause ist das ehemalige Gebäude des Wallraf-Richartz-Museum, jener schlichte Klinkerbau von Rudolf Schwarz aus dem Jahr 1957, den der ehemalige Oberbürgermeister Kölns, Konrad Adenauer, verächtlich als Mehlfabrik bezeichnete. Rund ums Museum führt ein lauschiger Fußweg, vorbei am Reststück einer römischen Wasserleitung und einigen malerisch postierten Sarkophagen zum Standbild des Adolf Kolping, dem sozial engagierten Kirchenmann und »Gesellenvater vom Rhein«. 1980 besuchte der Papst auch sein Grab in der danebenliegenden **Minoritenkirche**. Die gotische Basilika ist außerdem Grabeskirche für den Theologen dieses Bettelordens, Duns Scotus.

Vis-à-vis vom Gesellenvater arbeiten die journalistischen Mütter der Frauenbewegung in der Redaktion von »Emma«, der immer noch führenden Frauenzeitschrift der Bundesrepublik.

Wer am Ende der Kolumbastraße hinüber zum Opernhaus möchte, muß erst einmal – meist mit Geduld und angehaltenem Atem – die Autopiste der Nord-Süd-Fahrt überwinden. Während

Markt auf dem Sudermanplatz (Nähe Ebertplatz)

die im Zuge des Wiederaufbaus geschaffene Durchgangsstraße die Stadt durchschneidet und manche großstädtischen, aber gewiß nicht urbanen Perspektiven bietet, erstrecken sich in ost-westlicher Richtung über nahezu einen halben Kilometer die Bauten des **WDR** als beherrschender, freilich nicht immer glücklicher und deshalb umstrittener Akzent der Kölner Innenstadt.

Der größte und dennoch bei weitem eleganteste dieser Gebäudekomplexe ist das nach Entwürfen von Helmut Hentrich und Hubert Petschnigg errichtete sogenannte »Vierscheibenhaus« an der Südseite des Appellhofplatzes: Vier weiße, gleichgerichtete »Scheiben« von unterschiedlicher Größe, doch rhythmisch versetzt nebeneinandergestellt und durch dunkle Korridore optisch voneinander abgehoben. Nicht nur die gleichförmige Fensterstruktur innerhalb eines wohlproportionierten feinen Rastergefüges, sondern auch der nach allen Schmalseiten hin leicht keilförmige Abschluß tragen wesentlich zur Eleganz dieser Architektur bei. Vor allem der Umstand, daß der helle Baukörper nicht auf der Erde steht, sondern auf dunkleren Stützen zu schweben scheint, verleiht dem immerhin 165 Meter langen Gebäude einen fast heiteren Charakter.

Im Gegensatz dazu wirkt das quer über die Nord-Süd-Fahrt gebaute Archivhochhaus, mit 56 Metern das höchste Gebäude des WDR, düster und klobig. Angesichts dieser riesigen Gebäudekomplexe kann man sich nur schwer vorstellen, daß der WDR in seiner Frühzeit mehr als zwei Jahrzehnte lang seinen Sitz in einem einzigen, relativ kleinen, heute abgerissenen Haus in der Dagobertstraße hatte.

Der Offenbachplatz, an der Seite der lärmenden Nord-Süd-Fahrt leider immer noch schutzlos, präsentiert gleich zwei touristische Imperative für Köln-Besucher: die rekonstruierte »**Glockengasse 4711**« und die **Oper**.

Statt des im Zweiten Weltkrieg zerstörten neubarocken Opernhauses am Rudolfplatz entstand das neue Opernhaus nach den Plänen des Kölner Architekten Wilhelm Riphahn, der als wichtigster Vertreter des sogenannten »Neuen Bauens« der 1920er Jahre im Rheinland galt. Das jahrelange Nachkriegs-

Opernhaus (1954–57; Architekt: Wilhelm Riphahn)

Klar Schiff: das Dischhaus an der Brückenstraße

Provisorium des kölnischen Operntheaters in der Aula der Universität ging damit zu Ende. 1957 wurde die zur Krönung von Riphahns Lebenswerk gediehene Oper unter lebhaftester, von herber Kritik bis zu höchstem Lob reichenden Anteilnahme eröffnet: »Grabmal des unbekannten Intendanten« oder »Sockel für Adenauers Standbild« – so und ähnlich bemächtigte sich der Kölner Humor des kollosalen Neubaus.

Ihr markantes, nach den Funktionen der einzelnen Bauteile stark differenziertes Erscheinungsbild wird von zwei schrägen, 35 Meter hohen Türmen für Magazine, Werkstätten und Büros beherrscht, die den würfelförmigen Block der Hauptbühne umschließen und überragen.

Sowohl durch Gestalt als auch Materialien ist das Zuschauerhaus als eigenständiger Baukörper deutlich davon abgesetzt; dessen Foyers sind ebenso wie der durch geschwungene Loggien gegliederte Zuschauerraum Musterbeispiele für die kühle und gleichzeitig verspielte Eleganz der Architektur der 50er Jahre.

Noch ein Stück, freilich älterer Kölner Architekturgeschichte liegt auf dem Weg zurück zur Kolumbakirche: das **Dischhaus** – ein dynamischer Baukörper mit dem Stolz eines aus dem Ei gepellten Ozeandampfers.

Ihm gegenüber ein ausgesprochenes Kleinod kölnischer Kirchenkunst: die von Gottfried Böhm neu errichtete Kirche **St. Kolumba**, deren Vorgängerbau im letzten Weltkrieg vollständig zerstört wurde. Eine Madonna blieb wie durch ein Wunder unbeschädigt und ihretwegen bekam der Neubau seinen Namen:

Straßenfest auf dem Roncalliplatz am Dom

»Maria in den Trümmern«. Sie birgt im Innern einige sehenswerte Details: eine mittelalterliche Pietà, die Fenster von Georg Meistermann und ein kreisförmiges Fenster von Jan Thorn-Prikker, den zu den Fischen predigenden Antonius von Ewald Mataré und das Tabernakel der Elisabeth Treskow.

Gleich hinter der Kirchenruine führt links der neu gestaltete Kolumbahof zurück zur Minoritenstraße und diese rechts auf die Hohe Straße. Kurz vor dem Wallrafplatz öffnet sich die äußerlich fein hergerichtete **Stollwerck-Passage**, die erste ihrer Art in Köln – eine bauliche Ouvertüre zur einst noblen Hohen Straße.

Wo anders als auf dem inzwischen vertrauten Roncalliplatz könnte man Tage in Köln beenden? Sie sollten es stilgerecht tun, d. h. in unmittelbarer Nähe zum zentralen Dom und doch mit genügend Distanz für die Beobachtung: auf der Terrasse des Dom-Hotels, wo besonders bei schönem Wetter am Fuß der Kathedrale die unterschiedlichsten Leute wuseln und wirbeln, wo sich Glockengeläut und Skateboardklappern zum Unisono mischen. Näher als hier können sich Freakiges und Geistliches, Abend-stimmung und Abendland, weiß Gott, kaum kommen. Und genau das hat eine Menge zu tun mit diesem uralten und modernen Köln.

V Ausflüge

Altenberger Dom

Ein Nachmittag in Altenberg ermöglicht, bei schönem Wetter, so etwas wie einen touristischen Dreisprung: eine ungewöhnliche Kirche, jede Menge erholsame Wälder zum Spazieren und üppige Bergische Waffeln – Waffeln mit Sauerkirschen und Schlagsahne –, die Kaffee-und-Kuchen-Spezialität des Bergischen Lands.

Der **Altenberger Dom**, eine gotische Zisterzienserabtei aus dem 13./14. Jahrhundert, beeindruckt neben seinem Innenraum vor allem durch das größte Kirchenfenster Deutschlands und dessen hochrangige Glasmalerei. Die Kirche ist täglich von 7 Uhr (Sa ab 10 Uhr) bis zum Einbruch der Dunkelheit geöffnet; ein Domführer steht nach Vereinbarung zur Verfügung: ✆ 0 22 02 / 7 83 42.

In unmittelbarer Nachbarschaft des Doms beginnen zahlreiche **Rundwanderwege**; für Kinderfreuden sorgt der pittoreske **Märchenwald**.

Im alten Zisterzienserkloster gegenüber der Kirche, das nach historischen Vorbildern restauriert wurde, sorgt das **Gartenrestaurant Altenberger Hof** fürs leibliche Wohl der Ausflügler; und zwar täglich von 6.30–24 Uhr.

Anfahrt: Je nach Verkehrslage braucht man von Köln aus mit dem **Auto** nach Altenberg kaum länger als eine dreiviertel Stunde: von der Messe in Deutz aus am besten über die A3 Richtung Düsseldorf bis Ausfahrt Köln-Mülheim und dort der Beschilderung Richtung Odenthal/Altenberg folgen. Vom Dom aus das Rheinufer nach Norden, über die Mülheimer Brücke, Wiener Platz, Clevischer Ring, dann halb rechts in die Berliner Straße und über Dünnwald, Schildgen und Odenthal zum Dom. – Mit **Straßenbahn/Bus:** Straßenbahn Linie 5 ab Hauptbahnhof Richtung Höhenhaus bis Endstation Neurather Weg, von dort mit dem Bus Linie 434 bis Altenberg (letzter Bus zurück Sa 18.07 Uhr, So 18.21 Uhr). Oder Straßenbahn Linie 4 ab Neumarkt Richtung Schlehbusch bis Höhenhaus (Neurather Weg), dort weiter wie oben beschrieben.

Die Schlösser Augustusburg und Falkenlust bei Brühl

Ein besonders reizvolles Ziel in der näheren Umgebung Kölns sind die Schlösser bei Brühl, die man sich bequem bei einem Nachmittagsausflug ansehen kann: **Schloß Augustusburg**, 50321 Brühl, ℘ 0 22 32 / 4 24 71, Di–So 9–12, 13.30–16 Uhr; bei Staatsempfängen und im Dez./Jan. geschlossen.

Das barocke Residenzschloß des Kurfürsten Clemens August von Wittelsbach (1723–61) wurde 1725–68 auf einer ehemaligen Wasserburganlage errichtet. Sehenswert sind vor allem das berühmte **Treppenhaus** von Balthasar Neumann, die Porträts der Wittelsbacher, aber auch der nach Versailler Vorbild konzipierte Schloßpark, der heute gelegentlich für Staatsempfänge und Konzerte genutzt wird (vgl. auch Schloßkonzerte S. 124). Von hier aus geht man kaum länger als 15 Minuten bis zum **Schloß Falkenlust**, dem Jagdschloß und Refugium des Fürsten. Bei der Rückkehr nach Augustusburg bietet dann das **Schloßcafé** die Möglichkeit zur fürstlichen Selbstbelohnung.

Die **Anfahrt**, ob mit dem eigenen Wagen oder öffentlichen Verkehrsmitteln, ist ein Kinderspiel. – Mit dem **Auto:** B 265 (Verlängerung der Luxemburger Str.) Richtung Zülpich bis Brühl, dort der Beschilderung Richtung Schloß folgen. – Mit **Straßenbahn/Bus:** Straßenbahn Linie 18 ab Dom/Hbf. Richtung Bonn bis Brühl Mitte, dort mit dem Bus Linie 706 Richtung Wesseling bis Bahnhof Brühl. – Mit der **Bundesbahn:** Ab Köln Hbf. bis Bahnhof Brühl.

Bonn und das Rheinland

Route: Bonn – Bad Godesberg – Mehlem – Königswinter – Siebengebirge – Oberdollendorf – Schwarzrheindorf

Köln, die dominierende Großstadt am Rhein, neigt dennoch gelegentlich dazu, sich gegenüber seinen Nachbarstädten hervorzutun. In Richtung Düsseldorf, der großen Rivalin im Norden, hat das Tradition, was die »Tochter Europas« – wie sich Düsseldorf gern sieht – natürlich nicht unerwidert läßt.

Was Bonn angeht, so hegt man in Köln kaum Konkurrenzgefühle, sondern pflegt eher die patriarchalische Einstellung, Bonn sei eigentlich ein Vorort von Köln, »klein, warm und die

Schranken runter«: So stellen sich die Kölner ihren sympathischen
Nachbarn im Süden am liebsten vor, der im Grunde vor der
Haustür liegt, getrennt lediglich durch ein paar Minuten Autobahn.

Diese Nähe sollte auch der Köln-Besucher nützen, wenn er sich
über die Domstadt hinaus einmal gern Bonn, Bad Godesberg und
Siebengebirge, Rhein und Wein, genauer ansehen möchte.
Die folgende Route stellt einige kulturelle, landschaftliche und
gastronomische Delikatessen zu einem bekömmlichen Tages-
menü zusammen.

Alles spricht dafür, den Tag auf dem **Bonner Marktplatz** zu
beginnen. Das **Rathaus**, ein mit einer doppelläufigen Freitreppe
und einem prächtigen Wappenaufsatz im Mansarddach
geschmückter prunkvoller Bau des Spätbarock, gibt nämlich eine
wirkungsvolle Kulisse ab für den wochentags hier stattfindenden
Obst- und Gemüsemarkt, dessen lebhaftes und lautstarkes
Treiben eindrucksvoll das im Grunde südländische Temperament
der Rheinländer belegt.

Nicht weit: der **Münsterplatz**, auf dem sich Vergangenheit und
Gegenwart treffen. Beherrscht wird er vom **Martinsmünster**,
dessen Vorgängerbauten bis auf Helena, die Mutter Kaiser
Konstantins, zurückgehen sollen. Der heutige Bau, eine drei-
schiffige Basilika mit Querhaus, langgestrecktem, von zwei
Türmen flankierten Ostchor und einem gewaltigen achteckigen
Vierungsturm, gehört zu den Höhepunkten romanischer Architek-
tur im Rheinland.

Bonner Marktplatz mit Rathaus

Bonner Münster

Behutsam suchen die in jüngster Zeit neugestalteten Fassaden des Platzes auf die Architektur des Münsters Bezug zu nehmen, ohne auf eigene Individualität zu verzichten. Einen farbigen Akzent setzt das im 18. Jahrhundert vom damaligen Stiftsdechanten erbaute heutige **Postgebäude**, das einen prächtigen Hintergrund für das 1845 entstandene **Beethoven-Denkmal** abgibt.

In **Bad Godesberg** lohnt vor allem ein Blick auf die Architektur rund um den Kurpark – insbesondere auf die **Redoute**. In dem im späten 18. Jahrhundert im Stil eines fürstlichen Gartenschlöß-chens als Kurhaus errichteten Bau, der heute bevorzugter Ort für diplomatische und kulturelle Veranstaltungen ist, wurde einst der junge Beethoven Joseph Haydn vorgestellt und hat ihm daselbst vorgespielt.

Über Rüngsdorf, vorbei an der Amerikanischen Botschaft, gelangt man nach **Mehlem** und dort zum **Weinhäuschen**, einem unmittelbar am Rhein und vis-à-vis dem Drachenfels gelegenen Ausflugslokal, auf dessen Terrasse man nicht nur schön sitzen und Mittagspause machen, sondern von wo aus man auch stundenlang am Fluß entlanglaufen kann – in südlicher Richtung zum Beispiel bis zur Insel Nonnenwerth.

Ein paar hundert Meter rheinabwärts vom Mehlemer Weinhäuschen geht die Autofähre nach **Königswinter**. Dieses reizvolle Städtchen vor der Kulisse des Siebengebirges wird überragt vom Drachenfels, den Einheimische wegen der Masse von Besuchern vor allem aus den flachen Nachbarländern im Norden nicht ganz zu Unrecht ironisch als Hollands höchsten Berg bezeichnen.

Wer dagegen vom Tourismus weitgehend unverfälschtes rheinisches Flair erleben will, sollte sich im idyllischen **Oberdollendorf** an einem sonnigen Sommernachmittag (möglichst nicht gerade am Wochenende) in den zu Füßen des nördlichsten deutschen Weinbergs gelegenen Garten des **Weinguts Sülz** setzen und sich dort ein Fläschchen heimischen Laurentiusberg oder Sülzenberg gönnen.

Ein Genuß ganz anderer Art steht vor der Rückkehr nach Köln zuletzt noch bevor: die **Doppelkirche in Schwarzrheindorf**. Die über einem kreuzförmigen Grundriß errichtete ehemalige

Weinhaus Bredershof in Niederdollendorf

Blick über die Rheininsel Nonnenwerth auf die Berge der Eifel

Burgkapelle – ein trotz seiner bescheidenen Ausmaße wahrhaft fürstlicher Bau – gehört zu den schönsten Werken romanischer Architektur überhaupt. Bauherr des zweigeschossigen Zentralbaus aus der Mitte des 12. Jahrhunderts, dessen Oberkirche bei Gottesdiensten dem Burgherrn vorbehalten war, während die Unterkirche Platz für das Gefolge bot, war Arnold von Wied, Domprobst und später Erzbischof von Köln sowie Kanzler König Konrads III. Die prachtvolle romanische Wand- und Deckenmalerei haben die Visionen des Propheten Eszekiel zum Thema.

Informationen zum Tag:

Route:

Dom – Rheinufer – Verteilerkreis Süd – Autobahn Köln–Bonn (vor Bonn links einordnen: Bonn-Zentrum) – Verteilerkreis Bonn, dort dem Schild Zentrum folgen: über die Vorgebirgsstr., Hochstadenring/Kaiser-Karl-Ring links, Kölnstr. rechts bis das Parkhaus »Stiftsgarage« auftaucht (Parken).

In Fahrtrichtung weitergehen: Bonngasse (Beethovenhaus und Barockfassade der Namen-Jesu-Kirche) zum **Marktplatz/ Rathaus**, von dort zum **Münster** und zurück.

Vom Parkhaus zum Bertha-von-Suttner-Platz, Oxfordstr. links und sofort rechts in die Straße Belderberg: durchs Koblenzer Tor der Universität, an Hofgarten, Ministerien, Museum Koenig, Palais Schaumburg vorbei bis **Godesberg**. Bald hinter der Unterführung rechts und gleich wieder links in die Koblenzer Str., Kurpark rechts, Kurfürstenallee links und bei der **Redoute** parken.

Weiterfahrt über Kurfürstenallee, Friedrich-Ebert-Str. links, B9 (Koblenzer Str.) rechts und bald danach links einordnen (Rüngsdorf), Kapellenweg links über die Bahngleise, Konstantinstr. rechts, Deichmannsaue links hinunter, über die Austr. hinweg in die Brunhildstr./Utestr., Fährstr. links und an deren Ende wieder links (Achtung: diesmal entgegen der Hauptfahrtrichtung): Schild »**Weinhäuschen**«. Hier oder direkt am Rhein parken (kleine Gasse neben dem Schild hinunterfahren).

Doppelkirche Schwarzrheindorf

Zurück zur Austr. und rechts auf die Fähre. In **Königswinter** auf die Hauptstr. und links (nach Norden) durch den Ort bis zur Kirche in **Niederdollendorf**, vor ihr rechts in die Heisterbacher Str. nach **Oberdollendorf**, Cäsariusstr. links,

Bachstr. rechts bis zu deren Ende: die Weinberge am **Weinhaus Gut Sülz**. (Ab hier gibt's auch einen Weinwanderweg von gut 2 km Länge.)

Bachstr., Cäsariusstr. rechts und über den Grünen Weg und **nach** der Überquerung der Autobahn rechts die Königswinterer Str. durch **Beuel**, Stiftsstr. links zur Kirche **Schwarzrheindorf**.

Von den Parkplätzen der Kirche dem Autobahnschild folgen. Wer zum Dom in Köln zurück möchte, ordnet sich bei Köln-Süd ein, wer auf die Deutzer Seite will, beim weißen Köln/Bonn-Flughafensymbol (Rundfahrt ca. 95 km; reine Fahrtzeit ca. 2 1/2 Stunden).

Mehlemer Weinhäuschen
Fährstr. 26
53179 Bonn (Bad Godesberg)
℘ 02 28 / 34 22 35
Außer im Dez. ganzjährig tägl. ab 14 Uhr geöffnet, Mo geschl.
Gemütliches Ausflugslokal direkt am Rheinufer mit klassischem Blick auf den Drachenfels und das Siebengebirge.

Weinhaus Gut Sülz
Bachstr. 157
53639 Königswinter-Oberdollendorf
℘ 0 22 23 / 2 41 78
Di–Fr 16–24 Uhr; Sa, So + Feiertage 15–24 Uhr; Mo geschl.

Doppelkirche St. Klemens
Schwarzrheindorf (Nähe Beuel)
℘ 02 28 / 46 16 09
Unterkirche: tägl. 9–18 Uhr; Oberkirche/Galerie Sa 9–18, So 12–18 Uhr; im Sommer jeweils bis 19.30 Uhr

Weinhaus Muffendorf
Muffendorfer Hauptstr. 37
53177 Bonn (Bad Godesberg)
℘ 02 28 / 33 02 39
Di–So 12–14, 18–22.30 Uhr, Mo geschl.
Gutbürgerliche Küche.

Anreise

Der Heimatdichter Willi Ostermann schrieb zwar das rührselige Lied vom heimwehgeplagten Kölner, der am liebsten zu Fuß zurück nach Köln gehen möchte – »... *ich möch ze Foß no Kölle jonn*« lautet der Refrain – dennoch, die meisten Köln-Besucher werden die Domstadt mit flotteren Verkehrsmitteln ansteuern.

Die **Bundesbahn** bringt Sie neben weiteren 120 000 Reisenden täglich in den zentral gelegenen **Hauptbahnhof**. Zugverbindungen stehen hier rund um die Uhr zur Verfügung mit Direktanschluß an das internationale Reisezugnetz. Die Autoreisezüge halten in Köln-Deutz. Während der Messezeiten zusätzliche Verbindungen vom Hbf. nach Köln-Deutz.

Per **Auto** bringt Sie der **Kölner Autobahnring** zügig in alle Stadtteile und ins Zentrum. Die aus allen Himmelsrichtungen eintreffenden Autobahnen tragen Hinweisschilder für die entsprechenden Ausfahrten.

Mit dem **Flugzeug** landen Sie auf dem **Köln/Bonner Flughafen**, der 15 km südöstlich von Köln liegt. Taxis und Busse zur Messe und/oder in die Innenstadt stehen zur Verfügung. Umgekehrt: Airport Transfer Service zum Flughafen von Köln Hbf./Dom-Vorplatz: mit dem Bus (Nr. 170) im 15-Min.-Takt von 5.40–23 Uhr, Fahrpreis: DM 7,00; Fahrtzeit: ca. 20 Min. – Taxi: Fahrpreis: ca. DM 37; Fahrtzeit: 15–20 Min. – Vom **Flughafen Düsseldorf** fährt ein Bus mit der Aufschrift »KölnMesse« vom Busbahnhof 2 ab; Kostenpunkt DM 8.

Auch mit dem **Schiff** kann man in Köln anlegen. Die schmucken weißen Fahrgastschiffe der »Köln-Düsseldorfer« (KD) machen von Rotterdam oder Basel kommend am Köln-Anleger fest.

Auskunft/Information/ Wichtige Rufnummern

Verkehrsamt
Unter Fettenhennen 19 (Dom-Vorplatz/gegenüber Westfassade Dom)
50667 Köln
✆ 02 21/2 21-33 45,
Fax 2 21-33 20
Geöffnet: im Winter (ab 1. Nov.)
8–21 Uhr, So + Feiertage
9.30–19 Uhr;
im Sommer (ab 1. Mai)
8–22.30 Uhr, So + Feiertage
9–22.30 Uhr (nur touristische Stadtinformation/Zimmervermittlung für denselben Tag)

Sonderdienste:
– Hotelzimmerreservierung
(Auskunft/Buchung schriftlich):
Fax 2 21-33 11
– Privatzimmer (nur zu Messe-
zeiten): ℘ 2 21-33 35
– Fremdenführer: ℘ 2 21-33 32
– Sonderprogramme:
℘ 2 21-33 88/33 97

Presse
Tageszeitungen:
Kölner Stadt-Anzeiger
Kölnische Rundschau, Express
Stadtmagazine (mit Veran-
staltungskalender!):
*Köln im . . , Stadtrevue, Kölner
Illustrierte, Prinz*

Wichtige Rufnummern
(Vorwahl Köln: 02 21)
Arztnotrufzentrale ℘ 72 07 72
Bereitschaftsdienst ℘ 1 15 00
Taxiruf ℘ 28 82
Bundesbahnauskunft (Zentrale
Reiseauskunft) ℘ 1 94 19
Flughafeninformation
℘ 0 22 03 / 40 40 01, 40 40 02
Theater- und Konzertprogramm
℘ 1 15 17
Kinoprogramm ℘ 1 15 11 - 1 15 14
Ausstellungen, Messen und
sonstige Veranstaltungen ℘ 1 15 16
Kartenbestellung
Vorverkauf Theater- und
Konzertkarten:
Kaufhof/Schildergasse
℘ 2 57 88 11
Neumarkt/U-Bahn ℘ 2 57 38 42
Rudolfplatz/An d'r Hahnepooz
℘ 23 83 57
Saturn/Hansaring ℘ 12 19 12
Kartenvorverkauf KölnTicket/
Philharmonie ℘ 28 01
Fundbüro ℘ 2 21-63 12/63 13
Telefonauskunft Inland ℘ 0 11 88
international ℘ 0 01 18

Einkaufen

Einkaufsstraßen/-zentren:

Hohe Straße/Schildergasse
Von der Domplatte zum
Neumarkt verlaufen hinter-
einander die beiden Haupteinkaufsstraßen von Köln.

Breite Straße
Erst teilweise autofrei, aber
durchweg verkehrsberuhigte
Einkaufsstraße.

Bazaar de Cologne
Mittelstr. 12–14
Überdachtes Einkaufszentrum:
Mode, Schuhe, Accessoires,
Einrichtungsgeschäfte,
Gastronomie (vgl. Route 2. Tag)

Die Ringe zwischen Zülpicher
Platz und Christophstr.

Kölner Ladenstadt
(Glockengasse, gegenüber dem
Opernhaus)
Kölns erstes Einkaufszentrum
aus den 60er Jahren. Parkhaus.

Ehrenstraße
Links und rechts grelle Boutiquen mit flippiger Teenager-
und Twenmode, dazwischen
Szenecafés.

Richmod's
Die neueste Einkaufspassage
Kölns am Neumarkt.

St.-Apern-Straße und
Kreishausgalerie
Ansammlung von Kunsthandel
und Antiquitätenläden.

Einkaufen

Kaufhäuser:

Kaufhof

Begrenzt von Schildergasse,
Hohe Straße, Cäcilienstr.
Bau von 1912–14 im klassizistischen Stil (ehem. Warenhaus
Tietz, damals das erste moderne
Kaufhaus Deutschlands). – Die
Lebensmittelabteilung genießt
den Ruf eines Gourmet-Para-
dieses, das man allerdings
samstags wegen Überfüllung
besser meiden sollte.

Karstadt

Breite Str. 103
Durch eine Passage im postmodernen Stil mit dem Einkaufszentrum Olivandenhof ver-
bunden.

Spezialgeschäfte:

Keramik-Weber

Gürzenichstr. 16
Neben Souvenirs und rheini-
schem Steinzeug vorwiegend
handwerkliche Keramik aus
ganz Europa. (vgl. Route 2. Tag)

Tonger

Am Hof 3 (Heinzelmännchen-
brunnen/Dom)
Altehrwürdiges »Haus der
Musik«; außer Schallplatten gibt
es Instrumente, Noten und ein
Antiquariat. (vgl. Route 1. Tag)

Zauberkönig

Große Budengasse 7
Spielwaren, Scherzartikel.

Dieter Hohmann
art + reprogalerie

Breite Str. (Kölner Ladenstadt)
Poster, Plakate, Kunstdrucke.

Walther König Postkarten

Breite Str. 93
Alles von der originellsten
Glückwunsch- bis zur Kunst-
postkarte.

Cölner Teehaus

Benesisstr. 53
(Nähe Mittelstr.)
Große Auswahl an Tee und
Weinen.

Spielbrett

Engelbertstr. 5
Große Auswahl an Spielen und
sonstigen Kleinigkeiten, die das
Herz erfreuen.

Gesine Moritz

Lindenstr. 22
Kölner Designermode.

Käsehaus Wingenfeld

Ehrenstr. 90 (Ecke Friesenwall)
Mit 300 Sorten die Nummer Eins
im Kölner Käsehandel.

Bäckerei Zimmermann

Ehrenstr. 75
Duftende Brot-Boutique, für viele
Kölner der Bäcker schlechthin.

Peter Heinrichs

Hahnenstr. 2
140 eigene Tabakmischungen,
ca. 25 000 Pfeifen.

Pesch

Kaiser-Wilhelm-Ring 22
Führendes Einrichtungshaus im
Rheinland.

Saturn

Hansaring 97 (im und rund
ums Hansa-Hochhaus)
Elektrogeräte, Foto, Video, Hifi,
Schallplatten.

Buchhandlungen:

Bücherstube am Dom
Zeppelinstr. 2 (Nähe Neumarkt)

Buchhaus Gonski
Neumarkt 18 a (Passage)

Neumarkt Passage

Mayersche Buchhandlung
Neumarkt 1
(Nähe Schildergasse)
(vgl. Route 2. Tag)

Buchhandlung Herder
Komödienstr. 11 (Nähe Dom)

Köselsche Buchhandlung
Roncalliplatz 2
Schwerpunkt: Archäologie Vor-
und Frühgeschichte, Spezial-
katalog zur Literatur der Antike.

Walther König Buchhandlung
Ehrenstr. 4 (Nähe Neumarkt)
Eine der international führenden
Kunstbuchhandlungen; moder-
nes Antiquariat.

Kölner Wochenmärkte
(Innenstadt)
Apostelnkloster (St. Aposteln)
Di, Fr 7–13 Uhr – eine traurige
Ausbeute für eine Fast-
Millionenstadt.

Galerien/Kunsthandel

Galerien:

Inge Baecker
Zeughausstr. 13
☎ 2 57 04 01
Di–Fr 14–18 Uhr,
Sa 11–14 Uhr u. n. Vereinbarung

Daniel Buchholz
Albertusstr. 26
☎ 2 57 49 46
Di–Fr 11–18.30 Uhr,
Sa 11–14 Uhr

Gisela Capitain
Apostelnstr. 19
☎ 25 66 76
Di–Fr 10–13, 14–18 Uhr,
Sa 10–14 Uhr

Dreiseitel
Aachener Str. 1 013
☎ 48 38 88
Di–Fr 10–13, 15–18 Uhr,
Sa 10–14 Uhr

Gmurzynska
Goethestr. 65 a
☎ 23 66 21
Mo–Fr 10–18 Uhr, Sa 10–14 Uhr

Karsten Greve
Wallrafplatz 3
☎ 2 57 87 37
Di–Fr 10–13, 15–18.30 Uhr,
Sa 10–16 Uhr

Galerien/Kunsthandel

Tanja Grunert
Venloer Str. 19
✆ 56 20 06
Di–Fr 10–13, 15–18 Uhr,
Sa 10–14 Uhr

Max Hetzler
Venloer Str. 21
✆ 52 78 53
Di–Fr 10–13, 15–18 Uhr,
Sa 10–14 Uhr

Holtmann
Richartzstr. 10
✆ 2 57 86 07
Mo–Fr 10–13, 14–18 Uhr,
Sa 10–13 Uhr

Jablonka
Venloer Str. 21
✆ 52 68 67
Di–Fr 10–18 Uhr,
Sa 10–14 Uhr

Rudolf Kicken
Bismarckstr. 50
✆ 51 50 05
Di–Fr 10–13, 15–18 Uhr,
Sa 10–14 Uhr

Orangerie Reinz
Helenenstr. 2
✆ 2 57 50 38
Di–Fr 9–13, 14–18.30 Uhr,
Sa 9–14 Uhr

Reckermann
Albertusstr. 16
✆ 2 57 48 68
Di–Fr 10–13, 14–18 Uhr,
Sa 10–14 Uhr

Galerie Der Spiegel
Bonner Str. 328
✆ 38 57 99
Mo–Fr 10–13, 15–18 Uhr,
Sa 10–13 Uhr

Stolz
Am Römerturm 15
✆ 2 57 51 44
Di–Fr 11–17 Uhr, Sa 11–14 Uhr

Carla Stützer
Kamekestr. 21
✆ 51 82 14
Di–Fr 10–13, 14.30–18 Uhr,
Sa 10–14 Uhr

*Kölner Kunstmarkt in den
Deutzer Messehallen*

Sophia Ungers
Aachener Str. 23
∅ 25 21 18
Di–Fr 10–13, 15–18 Uhr,
Sa 10–14 Uhr

Dietmar Werle
Gladbacher Str. 17
∅ 51 57 90
Di–Fr 11–18 Uhr,
Sa 11–14 Uhr

Michael Werner
Gertrudenstr. 24
∅ 92 54 62-0
Di–Fr 10–13, 14–18.30 Uhr,
Sa 10–14 Uhr

Zwirner
Albertusstr. 18
∅ 2 57 48 41
Nur nach Vereinbarung.

Kunsthandel:

Apicella
Spichernstr. 8
∅ 52 52 59
Di–Fr 11–13, 14.30–18.30 Uhr,
Sa 11–13 Uhr

Boisserée
(s. Info. 3. Tag)

**Kunsthaus am Museum
Carola van Ham**
Drususgasse 1–5
∅ 25 20 57
Alte, moderne, außereurop.
Kunst, Antiquitäten, Auktionen.

Lempertz
Neumarkt 3
∅ 9 25 72 90
Renommiertes Auktionshaus:
alte, moderne und ostasiatische
Kunst.

Osper
Pfeilstr. 29
∅ 92 57 10-0
Mo–Fr 10–18.30 Uhr,
Sa 10–14 Uhr

Rotmann
St.-Apern-Str. 11
∅ 2 57 48 27
Mo–Fr 10.30–13, 15–18 Uhr,
Sa 10–14 Uhr

Sotheby's Deutschland
St.-Apern-Str./Kreishausgalerie
∅ 2 57 49 56

Venator & Hanstein
Cäcilienstr. 48
∅ 2 57 54 19
Antiquariat, Buch- und
Graphikauktionen.

Weber
Gertrudenstr. 29
∅ 2 57 60 87
Mo–Fr 9–13, 15–18 Uhr

Geld/Post

**Geschäftszeiten der Banken
und Sparkassen:** i. d. Regel
Mo–Fr 8.30–16 Uhr, Do bis 18 Uhr

**Wechselstube im Haupt-
bahnhof**
Tägl. 7–21 Uhr

Geschäftszeiten der Post:
Mo–Fr 8–18 Uhr, Sa 8–13 Uhr

Postamt im Hauptbahnhof
Mo–Fr 7–21 Uhr,
Sa, So 11–20 Uhr

Hotels

Viele Kölner Hotels bieten eine große Auswahl an Pauschalangeboten für Messen, Wochenenden, Silvester, Karneval etc. Auskunft: Verkehrsamt Köln. Unsere Hotel-Auswahl gliedert sich nach folgenden Preiskategorien (für ein Doppelzimmer):

Obere Preisklasse
(über 300 DM)
Mittlere Preisklasse
(200 – 300 DM)
Untere Preisklasse
(100 – 200 DM)

Obere Preisklasse:

Dom-Hotel
Domkloster 2 a
✆ 20 24-0, Fax 2 02 44 44
Feine Kölner Adresse seit mehr als 125 Jahren, Wochenendarrangements inkl. Besichtigungen bzw. Ermäßigungen für die Hauptattraktionen von Köln.

Excelsior Hotel Ernst
Domplatz
✆ 27 01, Fax 13 51 50
Spitzenhotel, Traditionsadresse seit über 125 Jahren.

Holiday Inn Crowne Plaza
Rudolfplatz
✆ 2 09 50, Fax 25 12 06
Großes Hotel am Standort der alten Kölner Oper, Schwimmbad, Sauna.

Hotel im Wasserturm
Kaygasse 2
✆ 2 00 80, Fax 2 00 88 88
Konzept des Hauses ist die Wiederaufnahme großer Hoteltradition in unvergleichlichem Ambiente.

Hyatt Regency Köln
Kennedy-Ufer 2 a
(Deutzer Rheinufer)
✆ 8 28 12 34, Fax 8 28 13 70
Herrliche Lage mit Blick aufs Köln-Panorama; Babysitting, Flughafen-Limousine, Schwimmbad, Sauna, Whirlpool.

Maritim Hotel
Heumarkt 20
✆ 2 02 70, Fax 20 27-8 26
Luxushotel am Rhein, Schwimmbad.

Queens Hotel
Dürener Str. 287 (Lindenthal)
✆ 46 76-0, Fax 43 37 65
Ruhige Lage im Grünen am Stadtwaldweiher.

Ramada Renaissance Hotel
Magnusstr. 20
(Nähe Friesenplatz, Ring)
✆ 2 03 40, Fax 2 03 47 77
Spezieller Theater- und Philharmonie-Service, Schwimmbad, Whirlpool, Sauna, Solarium.

SAS Royal Hotel Köln
Helenenstr. 14
(Nähe St.-Apern-Str., Neumarkt)
✆ 2 28-0, Fax 2 28-13 01
Hotel mit internationalem Standard, zentrale Lage.

Mittlere Preisklasse:

Ascot, Best Western Hotel
Hohenzollernring 95–97
(Nähe Kaiser-Wilhelm-Ring)
✆ 52 10 76, Fax 52 10 76
Kleines Hotel mit »Flair und
Class«.

**Astor und
Aparthotel Concorde**
Friesenwall 68–72
✆ 25 31 01, Fax 25 31 06
Spezielle Angebote für Langzeit-
gäste (ab 2 Wochen).

Atrium Rheinhotel
Karlstr. 2–10 (Rodenkirchen)
✆ 39 30 45, Fax 39 40 54
Kostenlose Fahrräder für Rhein-
touren etc., Karte und Lunch-
pakete.

Chelsea
Jülicher Str. 1
✆ 23 91 37
Künstlerisches Ambiente.

Dorint Hotel Köln
Friesenstr. 44–48
✆ 1 61 40, Fax 16 14-1 00
Einer der jüngeren Hotelbauten.

Königshof
Richartzstr. 14–16
(Wallrafplatz, WDR)
✆ 23 45 83, Fax 23 86 42
Zentrale Lage.

Pullman Hotel Mondial
Kurt-Hackenberg-Platz 1
(gegenüber Philharmonie)
✆ 20 63-0, Fax 2 06 35 22
Wechselnde Ausstellungen
Kölner Künstler; Karten für die
Philharmonie.

Viktoria
Worringer Str. 23
(Nähe nördliches Rheinufer)
✆ 72 04 76, Fax 72 70 67
Jugendstilvilla unter Denkmal-
schutz, individueller Charakter.

Untere Preisklasse:

Bremer
Dürener Str. 225 (Lindenthal)
✆ 40 50 13, Fax 40 20 34
Gepflegtes Hotel in Stadtwald-
nähe, Schwimmbad.

Coellner Hof
Hansaring 100
(Nähe Ebertplatz/Eigelstein)
✆ 12 20 75, Fax 13 52 35
Gutbürgerliches Hotel.

Haus Marienburg
Robert-Heuser-Str. 3
(Marienburg)
✆ 38 84 97
Jugendstilvilla in ruhiger Lage.

Mercure Severinshof
Severinstr. 199
(zwischen Südstadt und Dom)
✆ 2 01 30, Fax 20 13-6 66
Zimmer mit Kitchenette auf
Monatsbasis zu mieten, Sauna,
Solarium.

Hotel Rheingold
Engelbertstr. 33–35
✆ 23 65 31, Fax 24 25 75
Hotel Nähe Rudolfplatz.

Das kleine Stapelhäuschen
Fischmarkt 1–3
✆ 2 57 78 63, Fax 2 57 42 32
Historisches Haus in der
Altstadt.

Klima

Bedingt durch die Kessellage
der Kölner Bucht: schwüles
Klima im Sommer bei mittleren
Temperaturen, milde feuchte
Winter.
Vorherrschend Westwind, trotz-
dem häufig diesig.
Kältester Monat: Januar (Durch-
schnittstemperatur 2,0 Grad C)
Wärmster Monat: Juli (Durch-
schnittstemperatur 18,7 Grad C)

Köln in Zahlen

Alter: über 2 000 Jahre
Einwohner: 960 655
(Stand Januar 1993),
größte Stadt in NRW, viertgrößte
Stadt in der Bundesrepublik
Deutschland
Fläche: 40 512 ha
(13 % Erholungsflächen,
38 % Natur und Landschaft (Feld,
Wald, Wiese, Grünstreifen etc.))
Stadtteile: 85
Autos: 447 186
Brücken: 8
Zeitungen: 3 Tageszeitungen,
4 Stadtmagazine
Sender: 8 Rundfunk- und Fern-
sehsender (WDR, BFBS, DW, DF,
RTL plus, Radio Köln, VOX,
Radio RPR)
Ausländeranteil: 17,6 %
Kirchen: 225 (145 kath.,
80 evang.)
Kneipen in Köln: 2 500
99 Personen arbeiten haupt-
beruflich an der Erhaltung des
Kölner Doms
Galerien: über 100
35 Museen, 1 Kunsthalle, 1 Kunst-
verein

10 ausländische Kulturinstitute
40 internationale Fachmessen
20 Millionen Touristen und
Messebesucher jährlich
1 212 Taxen sind von
0–24 Uhr im Einsatz.
2 Millionen »Jecken« feiern
Karneval in Köln; 100 Karnevals-
vereine und unzählige Sport-
vereine, Stammtische, Kegel-
clubs, Privatgruppen und
Schulen bestreiten die Umzüge.
Gesamtausstoß an Kölsch
im Jahr : rund 345 000 hl
24 Kölsch-Marken
2 000 Plätze in der Philharmonie
600 Jahre Albertus-Magnus-
Universität (über 54 000
Studenten)
Hotels und Pensionen: 237 mit
17 430 Betten

Museen

Käthe Kollwitz Museum Köln
Kölnisches Stadtmuseum
Museum für Angewandte
Kunst
Museum für Ostasiatische
Kunst
Römisch-Germanisches
Museum
Wallraf-Richartz-Museum/
Museum Ludwig
(s. Information 1.–3. Tag)

Rautenstrauch-Joest-Museum
Ubierring 45
℘ 3 36 94-13
Di–So 10–17 Uhr,
jeden 1. Do im Monat 10–20 Uhr
Führungen: So 15 Uhr,
1. Do im Monat 18 Uhr
Völkerkunde, Kunst und Kultur
außereuropäischer Völker.

Eines der großen Völkerkunde-
museen in Deutschland,
gegründet 1906, seit 1949
außerdem »provisorisch« im
Haus der Kölner Kammerspiele
untergebracht.

Schnütgen-Museum
Cäcilienstr. 29
✆ 2 21-36 20
Di–So 10–17 Uhr,
jeden 1. Do im Monat 10–20 Uhr
Führungen: So 11 Uhr, Mi 15 Uhr
Sakralkunst vom frühen Mittelalter bis zum Barock. Benannt
nach Alexander Schnütgen
(1843–1918), der seine Sammlungen der Stadt Köln ver-
machte, sehenswert unter-
gebracht in der ehemaligen
Stiftskirche St. Cäcilien aus
dem 12. Jh., einer der zwölf
romanischen Kirchen.

Erzbischöfliches Diözesan-Museum
Roncalliplatz 2
Fr–Mi 10–17 Uhr, Do geschl.
Sakrale Kunst des Kölner und
niederrheinischen Raums von
frühchristlicher Zeit bis zum
20. Jh., umfangreiche Sammlung
von Münzen, Medaillen, Siegeln,
Pilgerzeichen, Grabbeigaben
aus den Fürstengräbern (6. Jh.)
unter dem Dom.

Domschatzkammer
Tägl. 9–17 Uhr,
So + Feiertag 12.30–17 Uhr
Kelche, Reliquiare,
Monstranzen.

Josef-Haubrich-Kunsthalle
Josef-Haubrich-Hof (Neumarkt)

Tägl. 10–17 Uhr, Di, Fr 10–20 Uhr
Wechselnde Ausstellungen
neuer und alter Kunst und Kultur,
veranstaltet von den Kölner
Museen.

Kölnischer Kunstverein
Cäcilienstr. 27
Di–So 10–17 Uhr, Mo geschl.
Malerei, Skulptur, Fotografie,
Video von den 20er Jahren bis
heute, getragen von dem bereits
1839 als »älteste Bürgerinitiative
für Kunst« gegründeten Mit-
gliederverein.

Musik

Kölns Ruf als Musikstadt gründet
sich – bei der sogenannten
E-Musik – in erster Linie auf dem
Klang-Rang zweier Spitzen-
orchester, des Rundfunk-
Sinfonie-Orchesters des WDR
und des Gürzenich-Orchesters,
die sowohl das Opernhaus als
auch die seit 1986 eröffnete
Philharmonie bespielen.

Zur musikalischen Palette
gehört außerdem die lebendige
Tradition der lokalen Kirchen-
musik, die außer im Dom in zahlreichen romanischen Kirchen
eindrucksvoll zum Zuge kommt.
Die Aufführungen der Rheinischen Musikhochschule, des
Tanz-Forums und diverser
Musikvereinigungen – man
denke nur ans Rheinische
Kammerorchester, den Bach-
Verein und den Philharmoni-
schen Chor – komplettieren,
zusammen mit den Brühler
Schloßkonzerten, das städtische
Musikprogramm.

123

Musik

Nicht minder klangvoll ist die Unterhaltungsbranche: Jazz, Folklore, Pop- und Rockmusik brauchen sich hinter den ernsten Tönen der klassischen Musikformen keineswegs zu verstecken. Derzeit spielen mehrere hundert Bands in Köln, Gruppen wie die Bläck Fööss oder BAP, aber auch einzelne Interpreten wie Purple Schulz, Ina Deter, Herbert Grönemeyer, Wolf Maahn haben längst über die Stadtmauern hinaus Fans en masse.

Termine siehe Broschüre *»Musikstadt Köln«,* die beim Verkehrsamt zu haben ist. Kartenverkauf: vgl. Wichtige Rufnummern

Kölner Philharmonie
Bischofsgartenstr. 1
℘ 2 04 08 94
Konzertsaal Nr. 1 in Köln, internationale Stars und Orchester, Kölner Rundfunk-Sinfonie-Orchester, Gürzenich-Orchester; in 6 Jahren seit Eröffnung drei Millionen Besucher.

Großer Sendesaal des WDR
Wallrafplatz
℘ 2 20 21 44
Konzerte des WDR, »Nachtkonzert«, »Mattinata« (So vormittags).

Musikhochschule Köln
Dagobertstr. 38
℘ 9 12 81 80
Konzerte mit Studenten der Musikhochschule.

Gürzenich
Martinstr. 29–37
℘ 2 21-23 85

Oper der Stadt Köln
Offenbachplatz
℘ 2 21-84 00
Opern aller Epochen, festes Ensemble, Gaststars, Tanz-Forum Köln, Koproduktion mit internationalen Bühnen, Mozartzyklus von J. P. Ponnelle.

außerdem:
Musik in Kölner Kirchen
s. *»Musikstadt Köln«* (Verkehrsamt), *»Kirche in der City«* (Kölner Kirchen)
Orgelkonzerte im Dom

Brühler Schloßkonzerte/ Schloß Augustusburg
Mai–September
Veranstalter: Schloßstr. 2
50321 Brühl
℘ 0 22 32/4 31 83, 4 39 02

Jazz live:

Stadtgarten
Venloer Str. 40
℘ 51 60 39
Innovativer Jazz, Musikerszene Europa/Amerika, ca. 15 Veranstaltungen im Monat (s. auch »Schmuckkästchen«, S. 127).

Im Stadtgarten

Subway
Aachener Str. 82
℘ 51 79 69
Klassiker der Jazzmusik, Veranstaltungen am Wochenanfang, Mi–So Disco.

Em Streckstrump
Buttermarkt 37
℘ 2 57 79 31
Tägl. Jazz live mit wechselnden
Bands aus dem In- und Ausland,
Dixieland.

Rock:

Luxor
Luxemburger Str. 40
℘ 21 95 06
Monatl. 15 Veranstaltungen mit
internationaler Rock-/Popmusik.

U-Musik:

Tanzbrunnen im Rheinpark
Programm und Karten Verkehrs-
amt der Stadt Köln/Kassen am
Tanzbrunnen, Veranstaltungen
von April bis September
Info: ℘ 88 73 83 (ab 15 Uhr)
Folklore, Jazz, Rock, Pop, Unter-
haltung.

Nachtleben

Nachtleben in Köln? Ein bißchen
Kleinkunst, Disco-Getümmel,
Transvestiten-Show, Live-Musik,
verqualmte Kneipen, Punk-
schuppen und tiefsinnige
Dialoge beim Wein – kurz, nicht
gerade Provinz, aber Weltstadt?
Na, ja.

Die folgende nächtliche Auswahl beschränkt sich auf wenige
Empfehlungen. Nicht genannt
z. B. sind die zahlreichen Lokale
in der Altstadt, in denen man
sich nach Herzenslust tummeln
kann. Und auch nicht die Bars
und Lounges vieler großer
Hotels, wo man ohne viel Trubel
einen guten Drink genießen
kann.

Szene-Treffpunkte:

Alcazar
Bismarckstr. 39 a
(Nähe Friesenplatz)
℘ 51 57 33
12–1 Uhr, Mi, Fr, Sa bis 3 Uhr
Tages- und Abendkarte.

Alter Wartesaal
Am Hauptbahnhof
℘ 13 30 61, 13 28 01
18–2 Uhr, Küche 18–1 Uhr
Gut für eine gepflegte *happy
hour*, Bar und Restaurant im
original restaurierten Wartesaal
um die Jahrhundertwende.

Blue Shell
Luxemburger Str. 32
(Nähe Barbarossaplatz)
℘ 23 12 48
20–1 Uhr
Fr, Sa 20–2 Uhr
Jung-Szene.

Broadway Café
Ehrenstr. 11
(Nähe Neumarkt/Rudolfplatz)
℘ 25 52 14
10–1 Uhr

Café Central
Jülicher Str. 1 (Nähe Rudolfplatz)
℘ 23 99 89
7–3 Uhr, Küche 12–15 Uhr,
18–3 Uhr

Chin's
Im Ferkulum 18 (Südstadt)
℘ 32 81 96
12–1 Uhr, So 18–1 Uhr,
Küche 13–17, 19–24 Uhr
Beliebter Treff der Südstadt-
szene, leichte Küche, Reservierung empfohlen.

Szenelokal »Blue Shell«, Luxemburger Straße

Filmdose
Zülpicher Str. 39
(Nähe Zülpicher Platz)
✆ 23 96 43
19–2 Uhr, Fr, Sa 18.30–3 Uhr
Kneipe, Kino, Theater-Klein-
bühne in einem, Kartenverkauf
ab 18 Uhr.

Hallmackenreuther
Brüsseler Platz 9
✆ 51 79 70
11–1 Uhr
Stilvolles und detailverliebtes
Ambiente der Sixties.

Hotel Timp
Heumarkt 25 (Altstadt)
✆ 2 58 14 09
10–4 Uhr
Travestieshow ab 1 Uhr.

Linus
Ubierring 22 (Südstadt)
✆ 32 87 20
20–1 Uhr, Mi–Sa bis 3 Uhr
Tummelplatz der
Weißen-VW-Kabrio-Jugend.

Luxor
Luxemburger Str. 40
(Nähe Barbarossaplatz)
✆ 21 95 03
20–2 Uhr, Fr, Sa Disco
22–3 Uhr
Stadtbekannte Musik-
programme, der führende
Live-Musik-Club.

Moderne Zeiten
Auf dem Berlich/Breite Str. 100
(Nähe Neumarkt)
✆ 2 57 51 71
7–3 Uhr, Küche bis 3 Uhr
American Bar, Bistro, post-
moderner Schick und schöne
Menschen.

Opera
Alteburger Str. 1 (Südstadt)
✆ 32 91 87
17–2 Uhr, Fr–So bis 3 Uhr,
Küche 17–24 Uhr
Langjähriger Südstadt-Treff.

Roxy
Aachener Str. 2

(Nähe Rudolfplatz)
☏ 25 19 69
23–4.30 Uhr, Do, Fr, Sa bis 6 Uhr

Schmuckkästchen
(im Keller des »Stadtgarten«)
Venloer Str. 40
Mi–Sa 22–4.30
Musik-Club und Musikertreff.

Schroeder's
Alteburger Str. 11 (Südstadt)
☏ 32 68 38
11–1 Uhr, Küche 12–23 Uhr
In-Place für Südstadt-Touristen,
Eiscafé, Kneipe und Restaurant,
alles unter einem Dach.

Spitz
Ehrenstr. 43 (Nähe Neumarkt)
☏ 25 61 63
9–1 Uhr, So 11–1 Uhr

Stadtgarten
Venloer Str. 40
☏ 51 60 37
12–1 Uhr, Fr, Sa bis 2 Uhr,
So 11–1 Uhr, Küche 12–14.30 Uhr,
19–22 Uhr

Wunderbar
Venloer Str. 19
☏ 52 58 93
Do–So 4–9 Uhr
Für Nachteulen.

Bars:

SAS Royal Hotel Köln
Helenenstr. 14
(Nähe St.-Apern-Str./Neumarkt)
☏ 2 28-0
21–3 Uhr, So, Mo geschl.
Bar im obersten Stock – abends
mit tollem Blick auf die Stadt.

Discos:

Alter Wartesaal
Am Hauptbahnhof
☏ 13 30 61
Mo, Fr, Sa 22–5 Uhr
Am Wochenende volles Disco-
Haus in der alten Wartehalle,
»Blue Monday«: Special für alle,
die am Wochenende noch nicht
genug getanzt haben.

Disco im »Alten Wartesaal« des Hauptbahnhofs

Nachtleben/Restaurants

Camayenne
Richard-Wagner-Str./Händelstr.
(Nähe Rudolfplatz)
Tägl. 21–1 Uhr, Mo geschl.
Stark von Schwarzen
frequentierte Disco.

E-Werk
Schanzenstr. 37
(Mülheim)
✆ 62 10 91
Fr, Sa 22–5 Uhr Disco,
ansonsten Konzerthalle.

Oshos
Hohenzollernring 90
(Nähe Friesenplatz)
✆ 12 22 09
21.30–3 Uhr, Mo geschl.
Baghwan-Disco für überwiegend
junges Publikum.

Cafés/Weinlokale:

Siehe auch Informationen
1.–3. Tag.

Beiss'l
Otto-Fischer-Str. 1
(Nähe Luxemburger Str./
Barbarossaplatz/Südbahnhof)
✆ 41 25 79
Dekorfreudiges Weinlokal.

Weinkneipe
Zur Alten Wettannahme
Alteburger Str. 16 (Südstadt)
✆ 31 89 30; So geschl.
Überwiegend Feingeister.

Settebello Eiscafé
Alteburger Str. 5 (Südstadt)
✆ 32 91 94
Eisspezialitäten.

Restaurants

Siehe auch Informationen
1.–3. Tag.

Für alle Restaurants gilt:
Reservierung empfehlenswert.

»Oshos«, Baghwan-Disco am Hohenzollernring

Unsere Kategorien beziehen sich allein auf die durchschnittlichen Preise für Vorspeise/Hauptgang bzw. Menü:

Untere Preislage: bis 35 DM
Mittlere Preislage: bis 45 DM
Höhere Preislage: bis 80 DM
Oberste Preislage: über 100 DM

Untere Preislage:

Alfama
Antwerpener Str. 15
(Nähe Friesenplatz)
℘ 51 31 62
Portugiesische Küche mit vorzüglichem Fisch und Meeresfrüchten, tägl. frischer Fisch.

Al Setaccio
Zülpicher Str. 34
℘ 24 11 20
12–15, 18–24 Uhr
Saftige und reichbelegte Pizza aus dem Holzkohleofen.

Oasis
Kennedy-Ufer 1
(im Lufthansa-Gebäude)
℘ 81 44 41
Griechisches Restaurant am Deutzer Ufer mit schönem Blick aufs abendlich illuminierte Kölner Rheinufer.

Olé
Pfälzer Str. 1 (Nähe Friesenplatz)
℘ 24 43 58
Bekannt für spanische Spezialitäten, Paella, Fischgerichte.

Salsa
Berrenrather Str. 137 (Sülz)
℘ 44 77 45
Tägl. 18–1 Uhr, Mo geschl.

Südamerikanische und peruanische Spezialitäten; Kölner Latino-Treff.
Fr, Sa: Music (live) und Tanz.

Sprößling
Mozartstr. 9
℘ 23 21 24
Tägl. 12–15, 18.30–23 Uhr,
So 10–15, 17.30–23 Uhr,
Mo, Di geschl.
Biokost.

Tschang
Große Sandkaul 19
(Nähe Gürzenich/Hohe Str.)
℘ 2 57 57 06, 2 57 58 42
Kölns ältestes Chinarestaurant, seit 1954, besonders empfehlenswert: Ente spezial, gebraten mit Sojakeimlingen.

Zorba the Buddha
Brüsseler Str. 54
℘ 56 12 63
Vegetarisches, gute Salate und Pizza.

Mittlere Preislage:

Bistro B
Komödienstr. 52
(Nähe Römerbrunnen)
℘ 13 47 04
So + Feiertage geschl.
Pariser Bistro, kleiner Ableger des »Poêle d'Or«, Spezialität: kandierte Geflügelkeule.

Bizim
Weidengasse 47
(Nähe Eigelstein)
℘ 13 15 81
So, Mo geschl.
Türkische kreative Küche, Vorspeisenbuffet, Lamm-Spezialitäten.

Restaurants

Boccalino
Sülzburgstr. 170
⌀ 44 64 44
Tägl. 12–15, 18–23.30 Uhr
Sülzer Szene-Lokal mit
italienischer Küche.

Carpaccio
Lindenstr. 5
(Nähe Rudolfplatz)
⌀ 23 64 87
Di geschl.
Drei Brüder sorgen für gute
italienische Küche und flotten
Service, Mi, Do und Fr Fisch.

Filou
Lütticher Str. 12
⌀ 52 54 53
Restaurant mit häufig
wechselnder Karte; deutsche
und französische Küche.

Hotel Lux
Rathenauplatz 21
⌀ 24 11 36
Küche tägl. 18–24 Uhr
Russische Leckereien, viele
Wodkasorten und scharf
Gewürztes in plüschigem
Ambiente.

Los Flamencos
Aachener Str./Brabanter Str.
⌀ 51 41 14
Tägl. 12–24 Uhr
Paellas und spanische
Fischgerichte.

Maharani
Komödienstr. 40
⌀ 13 76 52
Indisches Spezialitäten-
Restaurant.

Musette et Poisson
Rathenauplatz 7
⌀ 24 73 69
Kleines, gemütliches Jugendstil-
Restaurant mit französisch
angehauchter Küche.

Nana's
Pfeilstr. 15 (Nähe Rudolfplatz)
⌀ 2 57 30 70
Schickes Stadtrestaurant mit Bar;
Gerichte von Erbsensuppe bis
Kaviar.

Schnittert's
Friesenwall 29 (Nähe Ehrenstr.)
⌀ 25 44 11
So + Feiertage geschl.
Nouvelle cuisine im
gemütlichen Hinterhof.

Solferino
Marienburger Str. 2
(Marienburg/Nähe Rheinufer)
⌀ 34 13 98
Sa geschl.

Höhere Preislage:

Alfredo
Tunisstr. 3 (Opernplatz)
⌀ 2 57 73 80
Sa, So geschl.
Elegantes Spitzenrestaurant mit
italienischen Spezialitäten.

Grande Milano
Hohenstaufenring 29–37
⌀ 24 21 21, So geschl.
Italienische Gaumenfreuden
in edlem Ambiente –
mittags und abends.

Kintaro
Friesenstr. 16
✆ 13 52 55
Japanisches Restaurant der
Spitzenklasse.

La Baurie
Vorgebirgstr. 35
(Nähe Sachsenring/Südstadt)
✆ 38 61 49
Küche Mo–Sa 18–23 Uhr
Hübsches französisches
Restaurant mit klassisch-feiner
Küche, Reibekuchen mit Lachs.

Le Moissonnier
Krefelder Str. 25
(Nähe Hohenzollernring)
✆ 72 94 79
So, Mo geschl.
Aus einer Vinothek wurde ein
Restaurant mit regionaler
französischer Küche und über
45 Weinen, die auch glasweise
bestellt werden können!

Lini
Sachsenring 3 (Südstadt)
✆ 32 16 73
Sa + feiertags mittags,
So geschl.
Kleines Restaurant mit post-
modernem Ambiente; gepflegte
italienische Küche.

o. T. (ohne Titel)
Jülicher Str. 1
✆ 23 47 55
Erlesene internationale Gerichte
bis nach 2 Uhr in der Nacht.

Pan e Vin
Heumarkt 75 (Altstadt)
✆ 2 58 11 63
Mo geschl.
Exklusives italienisches Bistro;
Edelfischspezialitäten.

Soufflé
Hohenstaufenring 53
✆ 21 20 22
So geschl.
Auf die Zubereitung von
Soufflés spezialisiert.

Tapabo
Kyffhäuser Str. 44
✆ 24 45 03
Tägl. 18.30–23 Uhr
Di geschl.
Kreative französische Küche.

Tomate
Aachener Str. 11
(Nähe Rudolfplatz)
✆ 25 29 62
So Mittag geschl.
Die rote Neon-Tomate leuchtet
schon von weitem: In dem
kleinen Restaurant geht es
salopp und gemütlich zu,
täglich wechselnde Karte, neue
europäische Küche.

Tomatissimo
Aachener Str. 21
(Nähe Rudolfplatz)
✆ 25 25 45
So Mittag geschl.
Nachfolger von Franz Keller's
Restaurant; französische Küche,
etwas teurer als die »Tomate«
nebenan.

Oberste Preislage/
Luxusrestaurants:

Chez Alex
Mühlengasse 1
(Nähe Groß St. Martin)
✆ 2 58 10 69
Sa Mittag, So + feiertags geschl.
(außer an Messetagen)
Gourmet-Restaurant der
Spitzenklasse.

Restaurants

Goldener Pflug
Olpener Str. 241
(Merheim)
⌀ 89 55 09, 89 61 24
Sa Mittag, So, feiertags geschl.
Küche der Meisterklasse ohne
überflüssige Dekorationen.

Graugans
Kennedy-Ufer 2 a
(im »Hyatt Regency Köln«)
⌀ 8 28 12 34, Fax 8 28 13 70
Sa Mittag, So geschl.
Gourmet-Küche mit stark
asiatischem Einfluß.

La Galerie
Heumarkt 20
(im Maritim Hotel)
⌀ 2 02 70
So, Mo geschl.
Feinschmecker-Restaurant mit
Blick auf den Rhein.

La Poêle d'Or
Komödienstr. 50–52
(Nähe Römerbrunnen)
⌀ 13 41 00
So, Mo Mittag, feiertags geschl.
Französische Küche fein, leicht;
Edelfischspezialitäten.

Rino Casati
Ebertplatz 3–5
⌀ 72 11 08, Fax 72 80 97
So geschl., nur abends geöffnet
Kölns populärster Luxus-
Italiener ist bekannt für seine
französisch verzierten
italienischen Gerichte.
Reservierung wird dringend
empfohlen.

Weinhaus »Im Walfisch«
Salzgasse 13
(Altstadt)
⌀ 2 57 78 09, 2 57 78 79
So + feiertags geschl.
Leichte Küche, Fisch-
spezialitäten in historischem
Haus in der Altstadt.

Brauhäuser/Kölsche Kneipen:

Früh am Dom
Am Hof
(vgl. Info 1. Tag)

Früh em Veedel
Chlodwigplatz 28
(Südstadt)
(vgl. Info 3. Tag)

Klein Köln
Friesenstr. 53
(Nähe Friesenplatz)
⌀ 25 38 27

Küppers Brauhaus
Alteburger Str. 157
(Bayenthal)
⌀ 37 32 42
Kölnspezialitäten; mit Biergarten
bis 1 Uhr nachts.

Lommerzheim
Siegesstr. 18
(Nähe Deutzer Bahnhof)
⌀ 81 43 92
Di geschl.
Knuffig und mit vielen
local heroes.

Eine Institution in Deutz: die Gastwirtschaft »Lommerzheim«

Malzmühle
Heumarkt 6 (Nähe Altstadt)
✆ 21 01 17
Eines der traditionellen
Brauhäuser in Köln.

Brauhaus Päffgen
Friesenstr. 64
(vgl. Info 2. Tag)

Päffgen
Heumarkt 62 (Altstadt)
✆ 2 57 77 65
Mo geschl.
Kölsche Altstadt-Kneipe in
historischem Haus.

Brauhaus Sion
Unter Taschenmacher 5
(Altstadt)
✆ 2 57 85 40
Noch ein Traditionsbrauhaus.

Haus Töller
Weyerstr. 96
(Nähe Barbarossaplatz)
✆ 21 40 86

So + feiertags geschl.
Historische kölsche Kneipe,
in der es etwas ruhiger zugeht
als in den großen Brauhäusern;
schmackhafte rheinische Haus-
mannskost.

Biergärten:

Sofern das Kölner Klima es
zuläßt, regelmäßig von April bis
September geöffnet.

Em Birkebäumche
Neuenhöfer Allee 65 (Sülz)
✆ 43 39 07
Tägl. 10–1 Uhr;
Biergarten bis 22 Uhr
Deftiges Essen und jede Menge
Bier.

Decksteiner Mühle
Gleueler Str. 371 (Sülz)
✆ 43 38 44
Tägl. 12–24 Uhr;
Biergarten bis 22 Uhr

Hier kann man vorzüglich gutbürgerlich speisen.

Petersberger Hof

Petersbergstr. 41
(Klettenberg)
∅ 44 36 00
Biergarten bis 22 Uhr
Idyllisch, mit kleinem Garten;
gutes Essen.

Stadtgarten

Venloer Str. 40
Tägl. 12–1, So 10.30–1 Uhr;
Biergarten bis 24 Uhr
(vgl. Serviceteil »Nachtleben«,
S. 124 und 127)

Underground

Vogelsanger Str. 200
(Ehrenfeld)
∅ 54 23 26
Tägl. 10–1 Uhr nachts
Minibiergarten mit
angeschlossener Autowerkstatt;
Ehrenfelder Szene – *no yuppies.*

Zum Treppchen

Kirchstr. 15
(Rodenkirchen/Rheinufer)
∅ 39 21 79
Tägl. 10–24 Uhr
Stadtbekannt und idyllisch
gelegen.

Biergarten im Volksgarten

Volksgartenstr. 25
(Nähe Sachsenring/Südstadt)
∅ 38 26 26
Tägl. 11–1 Uhr
Im gleichnamigen Park mit
schönem Blick auf den See,
überwiegend junge Leute.

Wolkenburg

Mauritiussteinweg 59
(Nähe Neumarkt)
∅ 23 64 42
Tägl. 8–24Uhr,
Küche bis 23 Uhr
Kleiner Biergarten im schönen
barocken Innenhof eines ehe-
maligen Klosters. Außerdem Sitz
des traditionsreichen Kölner
Männer-Gesangvereins,
bekannt durch die alljährlichen
Aufführungen in der Kölner
Oper zur Karnevalszeit, Marken-
zeichen: Männer in Frauenrollen!

Sprachhilfen:
für die kölnische Mundart

»Kölsch« ist ein Bier und eine
Sprache, also in beiden Fällen
mundgerecht und flüssig.
Es kommt selten vor, daß
Trinken und Reden, Getränk
und Gespräch namentlich so
unzertrennlich sind.

Prompt bildet denn auch die
Nähe von feuchter Kehle und
spitzer Zunge die Grundlage
dafür, wie man insbesondere
die Kölner und die Rheinländer
im allgemeinen einschätzt: als
humoristische Zeitgenossen, die
nicht auf den Mund gefallen
sind . . .

Spätestens seit Konrad
Adenauers öffentlichem Reden
gilt der kölnisch-rheinische
Singsang, der gemütliche und
bisweilen psalmodierende
Tonfall der Region als amüsant,
mitunter süffisant, aber immer
als liebenswert. Eine gewissermaßen akademische Recht-

fertigung dieses Sachverhalts lieferte der Bonner Universitätsprofessor Heinrich Lützeler mit seiner nach wie vor unübertroffenen und lesenswerten »Philosophie des Kölner Humors«. Die lexikalischen Grundsteine dazu legte Adam Wrede in seinem dreibändigen Nachschlagewerk »Neuer Kölnischer Sprachschatz« – eine ergiebige Sammlung oft skurriler, aber höchst aufschlußreicher Wortbedeutungen des Ripuarischen – wie das »Kölsch« sprachwissenschaftlich korrekt heißt.

Was aber soll der Nicht-Kölner tun – zumal er sicher noch nicht einmal *Blotwoosch* (Blutwurst) richtig aussprechen kann, jenes regelrechte Aufnahmeprüfungswort für »Immis«, für »imitierte Kölner«, also Zugereiste? Nun, er sollte wenigstens ein paar sprachliche Rettungsringe kennenlernen.

Übrigens, auch eingeborene Kölner gehen neuerdings den Weg des Lernens und besuchen die sogenannte »Akademie för uns kölsche Sproch«, eine Art linguistischer Heimatverein, der unter dem Mäzenatentum der Stadtsparkasse ins Leben gerufen wurde. Kölsch, die Sprache, bildet hier das Medium des Lernens und geselligen Beisammenseins. Nach drei Semestern mit Seminaren in Sprechkunde, Grammatik, Sprachgeschichte, lokaler Kulturgeschichte und Dichterwettbewerben erhalten die erfolgreichen Mundart-Eleven ein Zeugnis und eine Ansteckandel.

In einem so zierlichen Städteführer wie diesem bleibt so viel Zeit und Ehre nicht. Dennoch bieten wir einen Basis-Wortschatz für die Kölner Stippvisite. Es versteht sich, daß es dabei zunächst um Ausdrücke rund um die deftigen kulinarischen Kölnspezialitäten geht: um den *halve Hahn* (Roggenbrötchenhälfte – »*Röggelche*« – mit mittelaltem Holländer), *kölsche Kaviar* (Roggenbrot mit Blutwurst und Zwiebel), *Himmel un Äd* (Kartoffelbrei und Apfelmus), *Rievkoche* (Kartoffelpuffer) und natürlich den *Köbes* (den blaugeschürzten Ober, der auf die Anrede »Ober« nicht hört), der in seinem *Kölschkranz* die »Stangen« mit frischgezapftem Obergärigen bringt.

Eine zweite Lektion betrifft den Karneval, etwa dessen Hochrufe *Alaaf* und *Ajuja*, die *Bützje* (Küßchen) und *Kamelle* (Bonbons), die reichlich auf der Straße und in den Kneipen zu hören, zu verteilen und zu genießen sind. Und natürlich die *Jecken* (Narren, verrückte Leute; einer allein ist ein *Jeck*), die die »tollen Tage« bevölkern.

Die im Alltag kursierenden Schlüsselwörter sind naturgemäß zahllos und für Fremde tabu, aber was *Pänz* (Kinder) sind oder *Pingel* (ein hochgradig empfindlicher, penibler oder kleinlicher Zeitgenosse) ist, sollte man schon wissen. Ganz zu schweigen vom Zauberwort stadtinterner Beziehungen: dem *Klüngel*. Dazu der Sprachprofessor Adam Wrede: »Für Köln, das man zeitweise als eine

Hochburg des Klüngels u. der Klüngelei angesehen hat, kann ich das Wort durch Belege aus dem Jahr 1782 in dem Sinn betrügerische Machenschaften nachweisen.«

Hinzu kommt eine große Zahl von Ausdrücken von entweder lautmalerischer, exotischer oder bildreicher Qualität, von der zwar in der hochdeutschen Übersetzung nur noch ein schwacher Abglanz bleibt, deren sprachliche Ausdruckskraft dennoch nachempfunden werden kann. Hier eine Blütenlese:

Kruffhohn – (wörtlich: Kriech-Huhn) kleine, langsame, schwächliche und unansehnliche Frauensperson
Klävbotz – (wörtlich: Klebhose) einer, der (meist in der Kneipe) hocken und hängen bleibt
Wibbelstätz – (wörtlich: Wackel-Schwanz) unruhige Person
Schwadlappe – (wörtlich: Schwatz-Lappen) Schwätzer
Plüschprumm – (wörtlich: Plüschpflaume) Pfirsich
Loßmichjon – (wörtlich: Laßmichgehen) ein träger, gleichgültiger Mensch, ein Phlegma
Nöttelefönes – verdrießlicher Mensch, ewiger Nörgler
Hangdier – (wörtlich: Hängetier) »Klette«, ungewöhnlich anhängliche Frauensperson
Knotterer – jemand, der ständig meckert und knurrt
Schmecklecker – Genießer in jeder (besonders erotischer) Hinsicht, deshalb oft auf alternde Liebhaber bezogen
Föttchesföhler – (wörtlich:

Hinternfühler) jemand, der gern an weiblichen Formen herumtätschelt
Fisternöll – Techtelmechtel, heimliche Liebelei
Mömmes – Nasenpopel oder, wie bei Heinrich Lützeler nachzulesen ist, »getrockneter Nasenschleim«.

Mitunter erfindet der kölnische Volksmund Wörter von erstaunlichem Realismus und historischer Treffsicherheit – allen voran das Nachkriegszeitwort *fringsen,* was nicht nur »Kohlen klauen« hieß, sondern dieses auch zugleich legitimierte, weil der damalige Erzbischof von Köln, Joseph Kardinal Frings, die illegale Beschaffung von Heizmaterial für die Selbstversorgung ausdrücklich rechtfertigte.

Zur kurzen Kölschkunde gehört auch die Kenntnis vom frankophilen Einschlag des Vokabulars. Kein Wunder, daß diese Neigung die ohnehin schon kursierende Ansicht belegt, die Kölner, ja, überhaupt die Rheinländer, seien ähnlich wie die Franzosen im Grunde arbeitsscheu, ziemlich unzuverlässig und allemal vergnügungssüchtig. Wie dem auch sei, Kölsch hat nie Probleme gehabt, mit dem Französischen gemeinsame Sache zu machen. Alltägliche Begriffe wie *Paraplü* (statt: Schirm), *direktemang* (sofort, unmittelbar), *Trottewar* (statt: Bürgersteig), *us der la mäng* (mit leichter Hand) zeigen beispielhaft die kölschfranzösische Sprachfreundschaft. Deshalb sagt man beim Abschied auch nicht nur *Tschüs*, sondern häufig *Tschö* – ein rheinisches Adieu.

Grammatikalisch geht Kölsch ebenfalls eigene Wege. Am auffälligsten bei der Vorliebe für die Verlaufsform der Gegenwart, die jeden Englischlehrer in Verzückung bringt, jedem Deutschlehrer aber Bauchgrimmen verursacht: *»Bis still, Jung, dä Pappa is am Schlafen!«* Kölner sind eigentlich ständig *jrade was am machen, am Reden, sich am Amüsieren.*

Auch die Zeiten purzeln am Rhein munter durcheinander. Kein Mensch sagt etwa: »Ich wollte Dich anrufen«, sondern: *ich wollte Dich angerufen haben* – so als meditiere er noch über dem längst vergangenen Moment des unverwirklichten Vorsatzes – oder so, als wollte er um Verständnis dafür bitten, daß der gute Wille zwar da war, aber doch nichts daraus geworden ist.

Schließlich gehört die Genitiv-Faulheit zur typisch kölschen Suada: *mingem Vatter singe Hot* (meinem Vater sein Hut) umschifft gefällig die Härten des komplizierten hochdeutschen Genitivs.

Schon diese wenigen Merkmale ergeben das bürgerlich-gemütliche, bisweilen knuffige Kölsch, das heute vornehmlich die Älteren sprechen und das sich so hervorragend zum Geschichtenerzählen eignet. Eine sprachliche Lebensart wie diese kann niemals Exportartikel sein; deshalb wirkt sie auf Nicht-Kölner trotz der »Volksstücke« des Millowitsch-Theaters oder der Texte der »Bläck Fööss« (wörtlich: Barfüße) zwar möglicherweise sympathisch, aber im Grunde exotisch. Und selbst die internationale Popularität der Rockgruppe BAP, die kölsch singt, ändert daran vermutlich nicht viel.

Theater

Schauspielhaus
Offenbachplatz
☏ 2 21-84 00/
Abendkasse: ☏ 2 21-82 52
Hier werden nicht nur klassische und moderne Dramen inszeniert, sondern auch moderner klassischer Tanz choreographiert: das Kölner Tanz-Forum ist hier zu Haus.

Halle Kalk
Neuerburgstr.
☏ 2 21-84 00
Neue Spielstätte des Kölner Schauspiels in den ehemaligen Werkhallen von Klöckner-Humboldt-Deutz.

Schlosserei im Schauspielhaus
Eingang Krebsgasse
☏ 2 21 / 84 00
Abendkasse: ☏ 2 21-83 21
Werkstattbühne.

Theater am Dom
Glockengasse 11
(Kölner Ladenstadt)
☏ 2 58 01 53
Boulevardtheater.

Theater/Veranstaltungen

Theater Der Keller
Kleingedankstr. 6
(Nähe Sachsenring/Ulrepforte)
✆ 31 80 59
Dramatiker des 20. Jh.

Die Machtwächter
Gertrudenstr. 24
(Nähe Neumarkt)
✆ 2 57 83 60
Politisches Kabarett seit 1966.

Volkstheater Millowitsch
Aachener Str. 5
(Nähe Rudolfplatz)
✆ 25 17 47
Kölsche Schwänke mit dem
Publikumsliebling und Kölner
Ehrenbürger Willy Millowitsch.

Hänneschen
Puppenspiele der Stadt Köln
Eisenmarkt 2 (Am Heumarkt)
✆ 2 58 12 01
Stockpuppentheater für Kinder
(Mi–So 14.30–17 Uhr) und
Erwachsene in für Nicht-Kölner
weitgehend verständlichem
Kölsch.
(Mi–Sa 19.30 Uhr; So 17 Uhr).
Kasse: Mi–So 13.30–18 Uhr.

Senftöpfchen
Große Neugasse 2–4
(Brügelmannhaus in der
Altstadt)
✆ 2 58 10 58
Renommierte Kleinkunstbühne
mit vielseitigem Programm:
Revue, Kabarett, politische
Satire, Liedermacher.

Veranstaltungen

Messen:

Köln ist Schauplatz für 40 internationale Messen. Die wichtigsten sind:

Internationale Möbelmesse
(Neuheiten aus der internat.
Möbelindustrie), Januar
Herren-Mode-Woche (Internat.
Herren-Mode-Messe), Februar
und August
Westdeutsche Kunstmesse
(Kunst und Antiquitäten), in allen
ungeraden Jahren im März im
Wechsel mit Düsseldorf
DOMOTECHNICA (Internat.
Messe für energiebetriebene
Haushaltsgroß- und -klein-
geräte, Haustechnik und
Küchen), Februar
**Internationale Eisenwaren-
messe**, März
IFMA (Internat. Fahrrad- und
Motorrad-Ausstellung), in allen
geraden Jahren im Sept./Okt.
SPOGA (Internat. Messe für
Sportartikel, Campingbedarf
und Gartenmöbel), September
ANUGA (Weltmarkt der
Ernährung), in allen ungeraden
Jahren im Oktober
Photokina (Neuheiten aus der
Foto-, Film- und Videobranche),
in allen geraden Jahren im Sept.
Art Cologne (Internat. Kunst-
markt), November

Andere wichtige
Lokaltermine:

Dezember/Januar
Sechstagerennen in der Kölner
Sporthalle (Messegelände)

Februar
Kölner Karneval
(Woche vor Aschermittwoch)
Do: Weiberfastnacht, Eröffnung
des Straßenkarnevals auf dem
Alter Markt;
So: Schull- und Veedelszöch
(Kölner Schulen und Privat-
gruppen ziehen durch die
Kölner Innenstadt);
Mo: Rosenmontag (Großer
Karnevalsumzug mit dem
»Dreigestirn« – Prinz, Bauer und
Jungfrau – durch die Innenstadt);
Di: Stadtteilumzüge;
Aschermittwoch: Traditionelles
Fischessen, Beginn der Fasten-
zeit

April
Kölner Jazzhaus-Festival
(Stadtgarten)

Mai
Mülheimer Gottestracht
Schiffsprozession zu Fronleich-
nam von 11–13 Uhr mit zahllosen
Schiffen auf dem Rhein

Juni
Romanischer Sommer
(Romanische Kirchen)

Juli
**Internationale Sommer-
akademie des Tanzes**

August
**Internationales Leichtathletik
Sportfest** (Müngersdorfer
Stadion)

Und natürlich, jeden zweiten
Samstagnachmittag: das
Müngersdorfer Stadion, wenn
der »FC«, der **1. FC Köln,** spielt.

Köln-Besucher, die nicht voll
hinter dem Geißbockclub
stehen, sollten beim Lösen der
Eintrittskarte die Südkurve (der
Fans) meiden.

Kirchen und Kunst

Über Gottesdienste, Vorträge,
Führungen und Musikveranstal-
tungen in den Kirchen der Innenstadt informiert die Broschüre
»Kirche in der City«, die in den
meisten Kirchen ausliegt oder
das Katholische Stadtdekanat:
✆ 57 90 90.

Verkehr

Kölns **Hauptverkehrsstraßen**
verlaufen als Ring- und Stern-
straßen. Halbkreisförmig umschließen Autobahnring, Militär-
ring, Gürtel, Äußere und Innere
Kanalstraße und die sogenannten Ringe, deren Verlauf in etwa
der mittelalterlichen Stadtmauer
folgt, die Stadt.
   Die Ortsnamen der Stern-
straßen weisen auf die entsprechenden Himmelsrichtungen hin: Aachener Straße
(Westen), Bonner Straße
(Süden), Neusser Straße
(Norden).
   Ein computergesteuertes
Parkleitsystem erleichtert die
Parkplatzsuche. Farblich diffe-
renziert werden die jeweils
freien Plätze in den drei Haupt-
bereichen angezeigt: Dom/Hbf.,
Neumarkt, Ringe.
   Der öffentliche Nahverkehr
wird von Bussen und Bahnen der

Verkehr

Kölner Verkehrsbetrieb (KVB) unterhalten; 48 Linien stehen zur Verfügung. Für Einzelfahrten sind die Tarife nach Entfernungen gestaffelt; Tagesnetzkarte (gültig 24 Std.): DM 9; **Drei-Tages-Karte (gültig 3 Tage in Köln)** DM 18; KölnMesse-Ticket (gilt 1 Tag) Preis nach Messe verschieden.

1 212 **Taxen** sind rund um die Uhr im Einsatz. Standplätze sind alle größeren Plätze und Verkehrsknotenpunkte, in der Innenstadt z. B. Neumarkt, Alter Markt, Waidmarkt, Philharmonie, Oper/Theater (Offenbachplatz), Verkehrsamt, Dom (3 Standplätze), Ebertplatz, Friesenplatz, Rudolfplatz, Barbarossaplatz, Chlodwigplatz. Auch vor allen großen Hotels gibt es Halteplätze; zu Messezeiten werden auch kleinere Hotels angefahren. Auf vielen Halteplätzen in Außenbezirken stehen Taxirufsäulen.

Ein Taxi-Sonderservice ist z. B. der »Rettungsring«: Wer sich abends nicht alkoholisiert ans Steuer setzen will, den eigenen Pkw aber nicht stehenlassen möchte, kann einen Taxifahrer bestellen, der ihn und seinen Wagen zurückfährt. Da dieser von einem weiteren Fahrer abgeholt und auch wieder zu seinem Taxi zurückgefahren wird, kostet der Service das dreifache des einfachen Fahrpreises.

Gepäckträgerservice: Der Taxifahrer holt den Reisenden und sein Gepäck direkt vom Bahnsteig ab und bringt alles bis zur Unterkunft.

Über die Autoren:

Horst Schmidt-Brümmer, Dr. phil., geboren 1940 in Köln, Studium der Germanistik, Anglistik und Philosophie in München und Köln. 1970 ging er als Dozent für deutsche Literatur an die Universität von Kalifornien in Los Angeles. Seit 1977 Verlagslektor und Autor in Köln. Zahlreiche Veröffentlichungen über die amerikanische Alltagskultur und Reisethemen der USA.

Paul v. Naredi-Rainer, Prof. Dr. phil., geboren 1950 in Knittelfeld/ Österreich. Studium der Kunstgeschichte, Musikwissenschaft, Archäologie und Philosophie. Bis 1988 Leiter des Rheinischen Bildarchivs, Köln; 1982 Habilitation für allgemeine Kunstgeschichte; seit 1988 Professor für Kunstgeschichte an der Universität Innsbruck.

Gerhard Knauf, Oberstudienrat, geboren 1938 in Berlin, studierte Germanistik und Geographie in Köln und arbeitet als Gymnasiallehrer.

Arnold Wolff, Prof. Dr.-Ing., Architekt, geboren 1932. Studium an der TH Aachen, Promotion 1968. Seit 1962 bei der Dombauverwaltung Köln, seit 1972 Dombaumeister. Zahlreiche Veröffentlichungen zum Kölner Dom, darunter Domberichte im Kölner Domblatt.

Gerta Wolff, geboren 1935, ist nach Lehrerausbildung und einigen Jahren Schuldienst seit 1970 freiberuflich in der Erwachsenenbildung tätig. Veröffentlichungen: Das Römisch-Germanische Köln, Führer zu Museum und Stadt, Köln 1981; St. Severin, in: Stadtspuren, Köln: Die Romanischen Kirchen, 1984.

Orts- und Sachregister

Die Informationen aus dem blauen Serviceteil wurden *kursiv* gesetzt, Auskunft, Biergärten, Brauhäuser/Kölsche Kneipen, Cafés/Eisdielen, Einkaufen, Galerien/Kunsthandel, Hotels, Musik, Nachtleben, Restaurants, Theater und Veranstaltungen zu Rubriken zusammengefügt.

Personenregister

VISTA POINT PHOTO HIGHLIGHTS

. . . Fotos, die Sie schon immer machen wollten

Köln—Das Wirtschaftszentrum West

von Gerhard Knauf

In 24 brillanten ak-
tuellen Aufnahmen
zweier renom-
mierter Profi-
fotografen wer-
den die vielen
Gesichter der Stadt
Köln lebendig. Von der
historischen Stadtent-
wicklung bis zu den »tol-
len Tagen« reicht das Spektrum, wobei ein deutlicher
Schwerpunkt auf dem Wirtschafts-
zentrum Köln liegt. Das Begleitheft enthält aktuelle Sachinfor-
mationen sowie Statistiken und Graphiken. – 24 Farbdias mit
Begleitheft.

Inhalt:
*Luftaufnahme – Rheinfront – Hohe Straße, Schildergasse –
Severinstraße – Wilhelmplatz in Nippes – Lagerhallen »Sieben-
gebirge« – Kraftwerk in Niehl – Kläranlage beim Niehler Hafen –
Wirtschaftskarten – 4711-Haus in der Glockengasse, 4711-
Rundbau in Ehrenfeld – Bürogebäude des Gerling Konzerns im
Friesenviertel – Kölner Messe mit Messeturm, Kunstmarkt Art
Cologne – Atrium des Maritim Hotel – Aachener Straße mit
Blick auf das Hahnentor, Stadtautobahn in Ehrenfeld – Bahn-
hofshalle – Gelände des ehemaligen Güterbahnhofs Gereon,
Modell des MediaPark – Hohenzollern-, Deutzer, Severins- und
Südbrücke – Renaissancelaube des Kölner Rathauses – Dach-
landschaft: Dom und Museum – Konzertsaal der Philharmonie –
Philosophikum der Universität – Blue Shell, Köbes – Deck-
steiner-Weiher – Weiberfastnacht auf dem Heumarkt.*

Bestellungen und kostenloses Gesamtverzeichnis bei:

VISTA POINT VERLAG

Postfach 27 05 72 • 50511 Köln • Tel. 02 21/21 05 87 • Fax 02 21/23 41 91

VISTA POINT STADTFÜHRER

Klaus Viedebantt
3 x Hamburg
144 Seiten mit 70 farb. Abb. und
5 Karten. Format: 21 x 10,5 cm, kart.,
ISBN 3-88973-090-6.

Katrin Schut
3 x Paris
144 Seiten mit 88 farb.
Abb. und 4 Karten.
Format:
21 x 10,5 cm,
kart., ISBN
3-88973-
089-2.

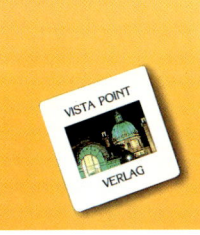

Barbara Wimmer
3 x München
132 Seiten mit 70 farb.
Abb. und 5 Karten.
Format: 21 x 10,5 cm, kart.,
ISBN 3-88973-083-3.

Bernd Polster
3 x Wien
144 Seiten mit 90 farb. Abb. und 3 Karten.
Format: 21 x 10,5 cm, kart.,
ISBN 3-88973-088-4.

Klaus und Lissi Barisch
3 x Istanbul
132 Seiten mit 71 farb. Abb. und 6 Karten. Format: 21 x 10,5 cm,
kart., ISBN 3-88973-091-4.

Horst Schmidt-Brümmer/Paul v. Naredi-Rainer
3 x Köln
144 Seiten mit 74 farb. Abb. und 5 Karten. Format: 21 x 10,5 cm,
kart., ISBN 3-88973-078-7.

Wir sind erst zufrieden, wenn Sie es sind.

Ob Beratung, laufende Betreuung oder Regelung von Schadenfällen. Wir möchten Ihnen den allerbesten Service bieten.

Sie sollen sich als Kunde wohlfühlen bei der Colonia. Das ist unser erklärtes Ziel. Deshalb bemühen wir uns, Sie zuvorkommend, fair und objektiv zu beraten. Deswegen versuchen wir auch, immer für Sie erreichbar zu sein. Vor allem, wenn Sie Hilfe brauchen. Und deshalb bemühen wir uns im Schadenfall, Ihnen schnell und unbürokratisch zu helfen, und kümmern uns außerdem um die anfallenden Formalitäten. Nehmen Sie diese Beispiele als Beweis dafür, daß wir mehr für Sie tun wollen als üblich. Denn das ist unser Grundsatz.

COLONIA

Wir sind erst zufrieden, wenn Sie es sind

Colonia Versicherungen	51067 Köln
Colonia-Allee 10-20	Tel.: (02 21) 96 99 - 01

AGFA.
HIGHTECH FÜR DIE WELT
DER KREATIVITÄT.

Nichts entgeht Agfa. Kein Abbild der Wirklichkeit, kein Bild der Fantasie. Agfa-Filme und Grafische Systeme bieten Fotografen die Möglichkeit, Realität und Illusion miteinander zu verschmelzen, Bilder kreativ zu manipulieren. Filme sind die Visitenkarten von Agfa. Jeder kennt und schätzt sie, Profis wie Amateure. Aber Agfa ist mehr. Seit über 100 Jahren setzt Agfa Meilensteine auf dem Weg zur heutigen High Tech-Welt der Bilder und Texte. Fotopapiere und Fotokopierer, Röntgenfilme und Cinefilme, computergesteuerte Fotosatzsysteme, Digital-Bilderprinter und Minilabs („1-Stunden-Labors") – in allen Bereichen gibt Agfa dem Fortschritt wichtige Impulse. In mehr als 140 Ländern, auf allen fünf Kontinenten leuchtet der Agfa-Rhombus. Ein Symbol für Qualität in der Welt des Lichts. Ein Wegzeichen in die Zukunft.

NICHTS ENTGEHT AGFA.

**KÄTHE KOLLWITZ
MUSEUM KÖLN
Träger: Kreissparkasse Köln**

Im Frühjahr 1985 wurde in Köln ein neues Museum eröffnet, ⬛ ist der Künstlerin Käthe Kollwitz gewidmet - eine der groß⬛ Persönlichkeiten der Klassischen Moderne.

Handzeichnungen bilden den Schwerpunkt der internation⬛ größten Kollwitz-Sammlung. Im Bereich der Druckgraphik si⬛ neben bedeutenden singulären Blättern alle großen Folgen v⬛ handen. Darüber hinaus verfügt die Sammlung über alle bekan⬛

Neumarkt 18-24
50667 Köln
Tel.: (02 21) 2 27-23 63/28 99

Öffnungszeiten:
Di.- So. 10.00 - 17.00 Uhr
Do.   10.00 - 20.00 Uhr
Montag geschlossen

Öffentliche Führungen:
Sonntag 11.00 Uhr

ten höchst seltenen Kollwitz-Plakate. Auch ist in Köln das plas⬛ sche Werk vollständig zu sehen.

Seit Januar l989 steht das Museum im 4. Obergeschoß d⬛ Neumarkt Passage der Öffentlichkeit mit 1000 qm Ausstellung⬛ fläche zur Verfügung.

Neben der ständigen Ausstellung eigener Bestände bietet d⬛ Museum Sonderausstellungen, Vorträge und Konzerte sow⬛ museumspädagogische Aktivitäten an.

Köln & Kunst
bei VISTA POINT

ugo Borger **Die Kölner Museen**
60 Seiten mit 94 Farbtafeln, 47 SW-Abb.,
3 Plänen und Grundrissen.
ormat: 31 x 25 cm, Leinen.
M 88,00.

iltrud Kier und Ullrich Krings
ie Romanischen Kirchen in Köln
44 Seiten mit 91
arbtafeln, 44 SW-
bb., 14 Grund-
ssen und Lage-
lan. Format:
1,5 x 25,5 cm.
M 58,00.

Peter Ginter/Rainer
Gaertner/Bernd
Polster
Köln
144 Seiten mit 134
Farbtafeln und 31
SW-Abb., Format:
31,5 x 25,5 cm.
DM 58,00.

Kölner Stämme
Menschen - Mythen - Maskenspiel
160 Seiten mit 144 Farb- und 83 SW-Abb.,
Format: 30 x 25,5 cm.
DM 48,00.

Ginter/Rainer Gaertner/Bernd Polster/Paul v. Naredi-Rainer
onn
28 Seiten mit 117 Farbtafeln und 49 SW-Abb., Format: 31,5 × 25,5 cm. DM 58,00.

as bewährte Fotografen- und Autorenteam hat die charakteristischen Züge der
hemaligen Bundeshauptstadt am Rhein in neuen, faszinierenden Bildern und
achkundigen Texten dokumentiert.

Umschlagvorderseite: Severinsbrücke mit Kölner Dom. Foto: Peter Ginter
Vordere Umschlagklappe (innen): Stadtplan von Köln
Haupttitel (S. 2/3): Blick von Westen auf den Dom, im Vordergrund
    St. Gereon, rechts Groß St. Martin, im Hintergrund rechts das
    Lufthansa-Hochhaus. Foto: Rainer Gaertner
Hintere Umschlagklappe: Kölner Dom von Osten, im Vordergrund das
    Wallraf-Richartz-Museum / Museum Ludwig. Foto: Rainer Gaertner

Die Deutsche Bibliothek – CIP – Einheitsaufnahme

Schmidt-Brümmer, Horst:
Köln: Stadtführer / Horst Schmidt-Brümmer; Paul v. Naredi-Rainer. –
Köln: Vista-Point-Verl., 1993
    (Vista-Point-Stadtführer)
    ISBN 3-88973-312-3
NE: Naredi-Rainer, Paul v.:

© 1993 Vista Point Verlag, Köln
Alle Rechte vorbehalten
Reihenkonzeption: Dr. Horst Schmidt-Brümmer, Andreas Schulz
Lektorat: Dr. Andrea Herfurth-Schindler
Layout und Herstellung: Andreas Schulz
Reproduktionen: Repro-Rózsa, Köln
Karten: Kartographie Huber, München
Satz: Fotosatz Froitzheim, Bonn
Druck und buchbinderische Verarbeitung: Rasch, Bramsche
Gedruckt auf chlorfrei gebleichtem Papier

Printed in Germany
ISBN 3-88973-312-3